駅格差

首都圏鉄道駅の知られざる通信簿

首都圏鉄道路線研究会

SB新書
392

はじめに

前著『沿線格差』は、「沿線のランク付け」をコンセプトに、お蔭様で好評を得ることができ、何回か増刷を重ねた。格差を切り口としていたため賛否両論あったが、概《おおむ》ね「色々な切り口から見ていて面白く読めた」「各沿線の特徴がわかってよかった」「今までにない内容、テーマだったので惹かれた」等の感想をいただいた。その中に「続編希望」というご意見もあり、鉄道路線の次は鉄道駅に光をあててみよう、ということで今回のテーマ選定に至った。

私たちは自宅と職場の最寄り駅、これ以外にも路線の乗り換え駅や仕事の得意先がある駅、買い物に訪れる駅など、日頃からさまざまな駅を使い分けている。そして、首都圏（1都3県）だけでも膨大な数の駅があり、その規模、性格や特徴も様々だ。そのため頻繁に使う駅がある一方で、降りたことのない駅、馴染みのない駅というのも結構あるだろう。

そこで本書を読んでもらうことで、馴染みの駅のポジションを確認してもらうと同時に、「なるほど、こんな駅もあったのか」「あの駅周辺は今後もっと発展しそうだな」「今度は駅そばや歴史ある駅舎、駅前横丁にも注目してみよう」など、新しい発見、意外な気づきが得られるよう、さまざまな角度からの考察を試みた。

「どこにお住まいですか?」という質問に対して、大抵の人は最寄り駅で答えることが多い。また毎年、各社から「住みたい街ランキング」が発表されるが、これもよく見ると「住みたい街(駅)」となっており、町名ではなく「駅」が基準となっている。

つまり私たちは、駅で場所を認識しており、それを共通語のようにして使っている。そして、それぞれの駅には固有のイメージがあり、吉祥寺や恵比寿であれば「住みたい街ランキング1位と2位の常連」、北千住や赤羽であれば「最近人気がある交通至便の穴場駅」、大宮と浦和であれば「埼玉の中心を叫ぶライバル駅同士」など、駅に付随して人は様々な思いを抱く。

もちろん、抱くイメージと実態が異なることもある。最近『吉祥寺だけが住みたい街ですか?』(マキヒロチ、講談社)という漫画が好評となり、ドラマ化もされたように、人気ランキングで取り上げられる駅(街)以外にも、知らない魅力的な駅(街)というのは意外に数多くあるものだ。本書もむしろそうした新しい見方を提示することを狙った。

成長する駅と衰退する駅、人気が出る街と人口流出が顕著な街など、日々変わっていく社会のダイナミズムを如実に映し出す駅、そして街――。ここに格差が生まれることは致し方がないことかもしれない。しかし、そうした格差さえもときに楽しみつつ、私たちに身近な駅を改めて感じてもらえれば幸いだ。

首都圏鉄道路線研究会

contents

第2章 首都圏主要駅のレイヤー別通信簿

第3章 本当の住みやすさからみた「駅格差」

第4章

格差社会と「街」、そして「駅」

特別インタビュー 三浦 展

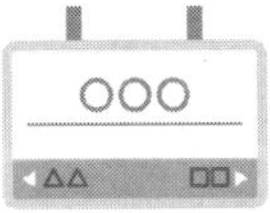

第1章

首都圏鉄道駅の
テーマ別ランキング

駅の格差はなぜ生まれるのか？
それぞれの視点から分析した
ジャンル別の駅格差とは？

駅と街がつくり出す複雑な関係

駅の「格差」はなぜ生まれるのか

文／編集部

首都圏の人は「場所」を「駅」で認識している

首都圏で生活している人にとって、住まいの基準は「駅」である。住んでいる場所を聞いた際に、知らない地名を言われると、「何駅の近くですか？」と確認しなおす人も多いだろう。つまり、首都圏で生活する人々は、「駅」で「場所」を認識しているわけだ。規模にかかわらず、駅はその地域のランドマークとなる。単に「列車が停まる場所」というだけではない。

そのため、一口に「駅」といっても、さまざまな意味を持ち始める。

東京駅や新宿駅などは、その駅自体が大きく、店舗などが多く入っているため施設としての存在感も高いが、多くの駅は構内に入り、改札を通過し、列車を待つ――その間、滞在時間は10分にも満たない。にもかかわらず、駅は首都圏で生活する人々にとって、さまざまな〝拠り所〟となる。

駅の格差とは、その場所、つまり駅周辺の街も含めた格差であるわけだが、駅こそが場所のブランド化をおしすすめることもある。

知る人も多いだろうが、新宿駅は、もとから東京の〝真ん中〟として存在していたわけではない。当初は宿場町として栄えた場所（内藤新宿）から少し離れた場所にあったが、徐々に乗客数を増やし、私鉄が乗り入れるなどして、巨大ターミナルとなっていった（16ページ参照）。それに応じて、商業施設が集まり、東京の〝真ん中〟として地位を盤石にする。

近年の例では、2008年に開業した越谷レイクタウン駅。首都圏の外側を走る武蔵野線沿線は、都市化が進んだといっても部分的には閑散とした風景が見られた場所でもあった。その閑散とした風景を埋めるようにニュータウンである「越谷レイクタウン」の建設が進み、2008年3月に〝街開き〟し、同時に駅が開業された。乗客数は1日平均で約2・5万人（2015年度）。首都圏のJR駅の乗車人員数では165位なので、決して多いわけではないが、それより少ない駅には新検見川《しんけみがわ》駅（約2・3万人）や東十条駅（約2・2万人）などがあり、これらよりも人が行き交っている。駅が単独で開業しただけでは、埼玉県越谷市の〝はずれ〟で、これほどの乗客は見込めなかっただろうし、一方で駅がなければニュータウンは成立しない。

ただし、越谷レイクタウン駅の開業が2008年というだけで、ニュータウンと駅の共存は1970年代からある話だ。そもそも、かつて大手私鉄が線路を敷き、駅を建設し、東京の都心部から放射線状に広がるように街をつくりあげたように、街と駅はともに繁栄し、ときに凋落《ちょくらく》していった。

駅の格差は駅と街の複雑な関係がつくり出す

要するに、駅の格差は、駅だけでは生まれない。駅と街の関係が、駅に格差を生んでいる。その駅自体を所有している鉄道会社にとっては、乗客数が多くて利益をあげられるかどうかなのだが、その周辺に住んでいる人たちにとっては、さらに複雑な感情が沸き起こる――。

駅名も、そこに加わる複雑な要素の一つだ。

京葉線の舞浜駅は、言わずと知れた東京ディズニーランド・シーの最寄り駅だ。実は駅開業当初、「ディズニーランド駅」という駅名になる可能性があったが、ディズニーランドとは無関係の店舗に「ディズニーランド駅前店」とつけられることを危惧したウォルト・ディズニー・カンパニーがその名づけを拒否し、舞浜駅となった。現在では、「舞浜」という名前で十分に知名度・ブランド力をもち、舞浜駅の北口（東京ディズニーランドは南口）は高級住宅街となっているが、仮に「ディズニーランド駅」という名前であったら住みたい（と思う気持ちがより強くなる）人はさらに多くなるのではないか。「最寄り駅はどこ？」と聞かれたときの回答が、「舞浜駅」と「ディズニーランド駅」では、インパクトが違いすぎる。一方で、舞浜駅という名前でなければ、今の落ち着いた高級住宅地はなかったのかもしれない。

ここまで3つの例を出して話をしてきたが、「駅」を語るとき、いろいろな要素がからみあい、「格差」が語られる。

若者に人気の駅ランキングの常連である小田急線・京王線の下北沢駅と、その隣駅である京王線の池《いけ》ノ《の》上《うえ》駅にそれぞれ同じ徒歩10分かかる場所に住んでいたとして、どちらを最寄り駅だと他人に公言するのか。どちらと公言しようとも、生活の実質的な部分は変わらないのだが、下北沢と言ってしまう……。それが駅の魔力だ。

駅格差 \\あるある//

- **最寄り駅がマイナー駅だと、周辺の大きな駅名＋《プラス》「あたり」と答える**
- **妥協して住みたい街の隣駅を選ぶも、結局「住めば都」**
- **地方出身者は、ＪＲの駅のほうが偉い（格上）と思いがち**

乗降人員数ベスト20駅

上位駅にはいつもの顔ぶれが並ぶ

文／佐藤 充

♛ RANKING

順位	駅名（路線名）	乗降人員（人）
1位	新宿 （JR：中央線他）	3,594,119
2位	池袋 （JR：埼京線他）	2,623,640
3位	渋谷 （JR：山手線他）	2,446,480
4位	横浜 （JR：東海道線他）	1,493,392
5位	北千住 （JR：常磐線他）	1,242,139
6位	東京 （JR：中央線他）	1,065,953
7位	品川 （JR：東海道線他）	995,432
8位	新橋 （JR：山手線他）	933,817
9位	高田馬場 （JR:山手線他）	897,593
10位	秋葉原 （JR：総武線他）	733,908
11位	大宮 （JR：埼京線他）	634,664
12位	上野 （JR：京浜東北線他）	615,230
13位	目黒 （JR：山手線）	564,035
14位	町田 （JR：横浜線他）	516,233
15位	有楽町 （JR：山手線他）	502,777
16位	武蔵小杉 （JR：南武線他）	465,749
17位	蒲田 （JR：京浜東北線他）	447,657
18位	五反田 （JR：山手線他）	443,388
19位	吉祥寺 （JR:中央線他）	426,850
20位	大井町 （JR：京浜東北線他）	424,685

出所：2015年度、各社HPをもとに編集部作成

世界1位、1日360万人が利用する新宿駅

新宿駅は圧倒的である。1日平均の乗降人員数は約360万人で、日本一であると同時に世界一でもある。首都圏の駅で比較すると、2位の池袋駅とは100万人もの差があり、まさに群を抜いている。

新宿駅の開業は明治18（1885）年と非常に古く、新橋駅（汐留駅）を起点にする東海道線と、上野駅を起点にする日本鉄道（現：高崎線）を結ぶ路線として、品川線（品川〜赤羽）が開業したときに誕生した。

もともと新宿は内藤新宿という宿場町だが、それは現在の新宿三丁目駅あたりで、新宿駅からは離れた場所である。それだけに、当初の新宿駅は利用者が極めて少なかったが、反面、開けているため大きく発展する余地もあった。

駅の開業から4年後、現在の中央線（甲武鉄道）が新宿以西で開業したことで、新宿駅の発展は始まった。明治31（1898）年に内藤新宿と反対側（西口）に淀橋浄水場が完成し、高度経済成長期には新宿副都心に変わる。これが、新宿三丁目（内藤新宿）から西新宿（淀橋）に至る巨大な「新宿」の端緒になった。

大正12（1923）年の関東大震災により、東京の住民の多くが郊外に移住し、新宿駅を起点

にする京王電鉄、小田急電鉄も、その輸送を担うようになった。これで新宿駅の重要性は決定的になったのである。

高度経済成長期には丸ノ内線が新宿まで延伸し、続いて都営新宿線・京王新線が開業し、国鉄の分割民営化の頃には埼京線が新宿まで乗り入れ、1991年には都営大江戸線が開業した。新宿の発展を象徴するように、都庁舎が1991年に有楽町から西新宿に移転し、JR東日本の本社も1997年に丸の内から移転した。内藤新宿のあった新宿三丁目も、2008年に副都心線が開業し、都営新宿線、丸ノ内線と交わる重要な結節点となった。もともと新宿三丁目は甲州街道と青梅街道が交わる交通の要衝《ようしょう》だが、鉄道交通の要所にもなったのだ。発展の余地の大きかった新宿は、こうして世界一の街になったのである。

新宿は、西口に「思い出横丁」が残るなど、積み重ねた歴史の片鱗《へんりん》を至る所に残しているが、休むことなく変化してきた。最近では、高速バスのターミナル「バスタ新宿」が誕生するなど、甲州街道沿いの南側が大きく変貌している。

トップ3は山手線西側の駅

新宿駅が別格であると述べたが、2位の池袋駅（約260万人）、3位の渋谷駅（約240万人）も、4位以下とは100万人もの差がある。トップ20の乗降人員数を集計すると、トップ3が4

分の1を占めており、4位以下を大きく引き離す。

もともと池袋は、現在のサンシャインがある場所に監獄があったが、それぐらいしかなく、前述の品川線（品川〜赤羽）が開業したときには駅が置かれなかった。ちなみに、この監獄はGHQに接収されてスガモプリズンとなり、東条英機《とうじょうひでき》などの死刑が執行された場所である。

池袋駅が開業したのは、品川線の開業から18年後の明治36（1903）年で、日本鉄道の豊島線（田端〜池袋）の開業で誕生した駅だ。このとき、山手線は上野〜田端〜池袋〜新宿〜品川〜新橋（汐留）のC字型のルートを走るようになり、環状運転まであと一歩となった。

大正に入ると、西武池袋線、東武東上本線が次々に開業して、池袋駅は東京北西部・埼玉西部への玄関口となる。また、JRが発足すると、山手線に並行する田端〜池袋の貨物線に東北・高崎線の旅客列車が走るようになり、池袋まで乗り入れた。これにより、北の玄関口としての役割も担うようになる。ちなみに、これが湘南新宿ラインへと発展するのは周知のとおりだ。

新宿駅、池袋駅、渋谷駅と、トップ3は山手線の西側の駅が占めた。これらの街には、オフィスもあるが、大きな繁華街であり、電鉄系の百貨店も多い。利用者の層は幅広く、雑多でエネルギーに満ちた駅である。

首都圏の中核、穴場的な駅

東京の隣接県の中核駅では、横浜駅が4位に入り、大宮駅も11位に食い込んだ。一方、千葉駅は63位とランク外である。

「埼玉都民」「神奈川都民」「千葉都民」などと言われるように、これらの県では都内へ通勤・通学客が多く、昼間人口は夜間人口に比べて1割も少ない。しかし、横浜駅のある横浜市西区は逆に昼間人口は8割も増えるし、大宮駅のある、さいたま市大宮区も4割ほど増える。通勤・通学で都内に向かう人も多いが、他のエリアから訪れる人も多いのだ。一方、千葉駅のある千葉市中央区では昼間人口は25％増えるだけで、横浜駅や大宮駅に比べると少ない。横浜駅、大宮駅、千葉駅で存在感に差が出てしまうのも当然だろう。

第5位の北千住駅は、他のエリアの人には馴染みが薄いだろうが、非常に便利な駅である。千代田線、日比谷線が通り、東武スカイツリーラインからの直通で半蔵門線も利用できるし、ＪＲ常磐線も通っている。上野東京ラインが開業したことで、ＪＲ常磐線から東京駅や品川駅まで乗り換えなしで行けるようになり、東海道新幹線や羽田空港方面へのアクセスが大きく改善した。郊外に向かう方では、ＪＲ常磐線と東武線の他に、つくばエクスプレスもあり、北千住駅は重要な拠点である。

北千住駅の東口付近

北千住駅が北東方面の拠点だとすれば、それには及ばないまでも、16位の武蔵小杉駅が南西方面の拠点としての役割を担う。

そもそも、武蔵小杉駅が16位にランクインしたことに驚く人も多いはずだ。武蔵小杉駅は、もともと東急東横線と南武線の乗り換え駅だったが、住宅街でもないので地味な存在だった。ところが、２０００年に東急目黒線が三田線・南北線と乗り入れたことで永田町方面や大手町方面へ直通できるようになり、２０１０年に横須賀線のホームができて、品川、東京方面が非常に近くなった。湘南新宿ラインのおかげで渋谷、新宿、池袋方面も乗り換えが不要になり、東急東横線が副都心線と直通してますます便利になったのだ。現在のように高層マンションが立ち並ぶようになったのは、つい最近のことである。

日本最古の駅、品川の今後は

日本の鉄道史にとって欠かせない駅、東京駅（6位）、品川駅（7位）、新橋駅（8位）は、トップ10に入って面目を保った。

２０１４年、東京駅が開業１００年を迎えたのは記憶に新しい。東京駅は今でも特別な存在で、各新幹線は東京駅を発着し、ビジネス街としての丸の内（大手町）のステータスは不動である。

その東京駅よりも40年以上前に開業したのが、日本最古の駅の一つである品川駅だ。私鉄は京浜急行しか乗り入れていないが、上野東京ラインが開業したことで、常磐線の特急が当駅始発になった。今後、リニア中央新幹線が開業すれば、拠点駅としての重要度はさらに高まるだろう。

品川駅というのは、歴史は古いものの、今日の姿になったのはそれほど昔のことではない。東口（港南口）方面は、かつては文字通り港湾の雰囲気が強かったが、旧国鉄用地が高層ビルに生まれ変わり、その姿を一変させた。東海道新幹線の品川駅も開業し、今では東京西部・神奈川方面への玄関口でもある。乗降人員数が上位に食い込んだのも、これらの発展で数字を大きく伸ばしたからである。

上位を占める山手線駅

山手線の駅はまだまだ続き、高田馬場駅（9位）、秋葉原駅（10位）、上野駅（12位）、目黒駅（13位）、有楽町駅（15位）、五反田駅（18位）と、トップ20の半分以上を占めている。この中でも特に数字を伸ばしているのが秋葉原駅だ。

秋葉原駅（10位）は神田川に面しており、もともとは貨物駅だったが、戦後になると秋葉原は電気街として発展し、電子部品を売るラジオデパートや、秋葉原にしかない電気屋が並び、理系オタクの多い独特な街になった。大手のヨドバシカメラが出店したり、複合施設ができたり、街の様子が一変したのは最近のことである。２００５年のつくばエクスプレス開業もあり、駅の乗降人員数は大幅に伸びたのである。

目黒駅（13位）も、２０００年の三田線・南北線の延伸、東急目黒線との相互直通運転開始によって存在感を増した駅である。目黒駅の脇には目黒川が流れ、その川沿いには有名な目黒雅叙園がある。しかし、目黒駅から目黒川へは急坂になっていて、この辺は地形に恵まれていない。それでも13位に入るのは、山手線が果たす役割が大きいためだろう。ちなみに、この目黒川を少し下れば18位の五反田駅である。

北の玄関口である上野駅（12位）、都庁舎があった有楽町駅（15位）は、今でも乗降人員の多い駅だが、驚いたことに高田馬場駅（９位）に及ばなかった。高田馬場駅は、西武新宿線と東京メトロ東西線が通っているものの、ＪＲ線は山手線だけの駅である。しかも、ＪＲ東日本の乗車人員だけで比較しても、上野駅や有楽町駅よりも多いのだ。高田馬場は、早稲田大学などの学生が多いところで、彼らが数字を押し上げているのだろう。

町田駅はベッドタウンの要となっている

私鉄がメインの駅でランクインしたのは、14位の町田駅ぐらいである。町田市は昼間人口が夜間人口よりも1割少なく、多くの人が小田急線で都心へ通勤・通学する。JRは横浜線が乗り入れているが、八王子と横浜を結ぶ路線なので都心には向かわない。それでもJR東日本の乗車人員ランキングで28位に入り、錦糸町駅などよりも多い。町田駅はベッドタウンのハブになっているのだ。

京浜東北線の駅からは、蒲田駅が17位、大井町駅が20位でランクインした。横浜方面から京浜東北線を利用すると遅くて不便だが、蒲田駅からだと品川駅まで10分で、しかも始発電車が多いので座って通勤できる。羽田空港が近いのも魅力である。

大井町駅は、東急大井町線の利用が伸びたこともあって乗降人員数が増えた駅である。東急田園都市線の混雑緩和のため、東急大井町線をバイパス路線にするべく改良工事が行われたのだ。2008年からは同線で急行運転が始まり、東急田園都市線から品川方面へ乗客が流れ込むようになった。大井町駅はりんかい線も通っており、お台場方面へも便利である。

空白地帯はバス路線でカバーする

19位に入った吉祥寺駅は、「住みたい街」として人気がある。

中央線の吉祥寺駅、三鷹駅、武蔵境駅は、北側が武蔵野市、南側が三鷹市で、北側に西武新宿線、南側に京王線が走っているが、この3路線はかなり離れており、その間を南北に走る鉄道路線がない。南側には、吉祥寺駅から南東に京王井の頭線、武蔵境駅から南南西に西武多摩川線が両脇を固めるように走っているが、その間が空いているのだ。

これらの空白地帯をカバーするのが多数のバス路線である。ただ、環状八号線が通る荻窪駅や、環状七号線が通る高円寺駅周辺と比べると、道路事情も恵まれていない。人気の武蔵野市、三鷹市といえども、必ずしも利便性上位というわけではないのだ。

そんな吉祥寺駅が上位に入ったのは、多くのバス路線が乗り入れるとともに、京王井の頭線で渋谷に出られるためだ。吉祥寺駅は、周辺に商業施設が多く、井の頭公園も近いので、広い客層に利用されるのである。

乗降人員 あるある

- 何回行っても新宿駅ダンジョンは攻略できない
- 三鷹駅でなく吉祥寺駅に中央特快をとめてくれ
- 北千住がはじめての人は北千住駅で降りて意外な人の多さに驚く

乗り換え利便性ベスト10駅

楽々乗り換えができる駅は？

文／編集部

♛ RANKING

順位	駅名（路線名）
1位	**小竹向原** 東京メトロ：有楽町線➡東京メトロ：副都心線
2位	**曳舟** 東武：伊勢崎線➡東京メトロ：半蔵門線
3位	**中目黒** 東急：東横線➡東京メトロ：日比谷線
4位	**田園調布** 東急：東横線➡東急：目黒線
5位	**二子玉川** 東急：田園都市線➡東急：大井町線
6位	**泉岳寺** 都営：浅草線➡京急：本線
7位	**代々木上原** 小田急：小田原線➡東京メトロ：千代田線
8位	**御茶ノ水** JR：中央線➡JR：総武線
9位	**都庁前** 都営：大江戸線六本木方面➡都営：大江戸線上野方面
10位	**田町** JR：山手線➡JR：京浜東北線

出所：編集部作成

注目!!

JR御茶ノ水駅の一日の乗降人員は20万9780人。対面乗り換えができるこの駅の存在はありがたい

乗り換え、と聞くと「ああ、次の駅でホームをまたぐので階段を使うのか……しんどいな」と思っていたら、実際は降りた目の前に乗り換え電車が来ていて、ラッキー！なんて経験はないだろうか。これを「対面乗り換え」とし、利便性の高いものとする。これとは反対に、次で乗り換えか、と軽く考えていたら、ホームどころか駅からも歩かされる、といったケースもある。同じ駅名でありながらも、こういった場合を乗り換え利便性の低いものとして述べていきたい。

対面乗り換えで時間ゼロ

対面乗り換えができるものとして、①違う鉄道会社、②同じ鉄道会社の違う路線。この2パターンを紹介したい。①の例としては東京メトロ有楽町線の小竹向原駅がある。この駅は他に東京メトロ副都心線や東武東上線、西武池袋線、さらに副都心線は東急東横線にも乗り入れしているので、計5つもの路線が乗り入れしている。西武池袋線の練馬駅から東京メトロ有楽町線新木場行に乗っても、小竹向原駅で階段を使わず、東京メトロ副都心線渋谷行に乗り換えることができる。ただ、厄介なのが、その乗り入れの多さから、他の路線内での遅延の影響を受けてしまう。東急東横線内での事故の影響で、小竹向原駅から練馬方面へ行く電車が遅れている……というケースもある。

次は②の、同じ鉄道会社での違う路線への対面乗り換えについて。これは私鉄、ＪＲどちらでも見られる。東急東横線の田園調布駅から目黒線へ、東急田園都市線の二子玉川駅から大井町線へ、また、JR中央線御茶ノ水駅からJR総武線、JR山手線田町駅からJR京浜東北線へ、などがある。先の東急線2駅については、どちらも分岐駅という共通点がある。しかし、同じ東急線の自由が丘駅も、東横線と大井町線の分岐駅ではあるが、自由が丘駅は1階部分が大井町線、2階部分が東横線と、乗り換えに階段などを使わなければならない。

後のJR線だが、こちらも御茶ノ水駅では同じことが言える。例えばJR新宿駅からJR秋葉原駅まで向かうとき、総武線で向かうよりも、中央線に乗り、JR御茶ノ水駅で乗り換えれば早く到着する。一方、JR山手線田町駅は今まで紹介した駅と異なっており、分岐駅の一つ手前となっている。JR田端駅で京浜東北線と合流した山手線は並走を始め、JR品川駅で分離する。今までの流れであれば分岐駅の品川駅が乗り換えに便利そうだが、品川は新幹線も含めると路線は6路線も停車し、ホームは24番線までもある。この品川駅で山手線から京浜東北に乗り換えようとすると、階段を上り下りしなければならないことに加え、1日の乗降人員数72・3万人（2015年度）も利用する、この駅の人波をかき分けて乗り換えをしなくてはならない。しかし幸いにも、JR田町駅は私鉄の乗り入れもなく、1日の乗降人員数は29・7万人（2015年度）だ。そのあとも並走を続けるJR浜松町駅、JR新橋駅、JR有楽町駅などと比べると、若干ではあるが乗降人員数が減るので、並走区間内で乗り換えをするにはおすすめである。

本当に乗り換え駅？

乗り換え利便性ワースト10駅

文／編集部

RANKING

順位	駅名（路線名）
1位	**浅草** 首都圏新都市：つくばエクスプレス→東武：伊勢崎線
2位	**早稲田** 東京メトロ：東西線➡都電：荒川線
3位	**両国** JR：総武線➡都営：大江戸線
4位	**蔵前** JR：大江戸線➡都営：浅草線
5位	**飯田橋** JR：総武線➡都営：大江戸線
6位	**武蔵小杉** JR：横須賀線➡JR：南武線
7位	**後楽園** 東京メトロ：丸ノ内線➡東京メトロ：南北線
8位	**渋谷** JR：山手線➡JR：埼京線
9位	**大手町** 東京メトロ：東西線➡東京メトロ：丸ノ内線
10位	**東京** JR京葉線➡JR：中央線

出所：編集部作成

東京メトロ浅草駅。つくばエクスプレスへの乗り換え案内はされていないが、同じ駅名のため、初めて利用する際は注意が必要だ

夢の国に行く前に疲れてしまう

東京駅の中央線から京葉線への乗り換えはかなり歩く。舞浜駅は、東京ディズニーランドの最寄り駅。歩く歩道まで設置されたこの乗り換え距離は、帰宅時、なんでこんなに遠いんだ……と疲労度を増してしまう。舞浜駅が目的地なのであれば、東京メトロを使い、日比谷線八丁堀駅、有楽町線新木場駅で京葉線に乗り換えたほうがいいだろう。

次に厄介なのが地上をかなり歩く駅。都営大江戸線の蔵前駅は、都営浅草線蔵前駅から離れているため、同じ名前なのにいったん外に出て乗り換えなければならない。同様に、東急世田谷線三軒茶屋駅から、東急田園都市線への乗り換えも駅がやや離れている。

乗り換え駅と勘違いしてはいけない浅草駅

今まで挙げた乗り換えの利便性が低い駅は、ひたすら駅構内を歩いたり、はたまたいったん外に出されたりとしたものであるが、同じ名前でも乗り換えが困難な駅が存在する。

まず一つ目は東武伊勢崎線浅草駅、東京メトロ銀座線浅草駅、都営浅草線浅草駅からつくばエクスプレス浅草駅への乗り換えだ。つくばエクスプレス自体が、２００５年に開業した新しい駅なので仕方のないことかもしれないが、乗り換えをするには雷門通りを突っ切らなければならない。道は他にもあるので、雷門通りを必ずしも通る必要はないのだが、どのみちかなり歩かなくてはならない。ちなみに、乗り換えには徒歩8分ほど必要なので、乗り換え駅とは案内されてはいないが、同じ駅名なので乗り換え駅だと思う人がいるのも事実だ。

しかし、そんな浅草駅よりもさらに歩いて乗り換えをする駅が存在する。東京メトロ東西線早稲田駅から都電荒川線への乗り換えだ。距離を見ればなんで同じ駅名なの、というくらい遠いのだが、早稲田大学を挟む形なので仕方がない。どちらの駅も、早稲田大学には近いのだ。つまり、それだけ早稲田大学は広い。初めてこの地を訪れる際は、ぜひ注意していただきたい。同じ駅名であったとしても、乗り換え駅ではないのだ。

乗り換え
＼あるある／

- ▼対面の乗り換え予定の電車が目の前で出発した時の虚無感
- ▼万年工事中の渋谷駅はたまに利用するとその変化に戸惑う
- ▼乗り換え時間が短く、予定してた電車の一本前に乗れた時は嬉しい

思わず飲みに出かけたくなる
駅前横丁指数ベスト5駅

文／鈴木弘毅

RANKING

順位	駅名（路線名）	特徴
1位	新橋（JR：山手線他）	サラリーマンの聖地
2位	西荻窪（JR：中央線他）	駅を出たらいきなり横丁
3位	中野（JR：中央線他）	ディープな雰囲気
4位	大井町（JR：京浜東北線他）	観光客も多い
5位	京成立石（京成：押上線）	昼飲み天国

出所：筆者調べ

仕事帰りにササッと軽く飲む酒には、どっかりと腰を据えて飲む酒とはまた違った良さがある。毎日腰を据えて飲んでいたら小遣いがいくらあっても足りないし、家族サービスもままならなくなる。サラリーマンにとって、1000円で小一時間を過ごし、日々の仕事の疲れを忘れさせてくれる一杯飲み屋は、とてもありがたい存在だ。特に、狭い路地に一杯飲み屋が連なる「横丁」は、まさに桃源郷《とうげんきょう》である。

そこで、近くに充実した横丁がある駅を、私見独断でランキング化してみた。ランキングは、飲み屋街の規模の大きさや知名度のみならず、意外性や個性なども加味して作成している。だから、ベスト5に選んだ駅は、いずれもその街ならではの雰囲気があり、「わざわざ行く」価値がある。仕事帰りや休みの日に、ひと足伸ばして訪れても、必ずや満足できるだろう。

第1位　新橋駅

いろいろな駅を調査してみたのだけれど、やっぱり新橋に敵《かな》う街はなかった。駅から、東西南北どの方向に歩いても、昭和の雰囲気を色濃く残した飲み屋横丁がある。

東は、駅と直結している新橋駅前ビルの地下。駅改札を出てからビルに入るまでの地下街は近年綺麗にリニューアルされているけれど、ビル内に入った途端に昭和中期にタイムスリップしたような気分になる。

西は、SL広場の南側にあるニュー新橋ビルの地下。こちらも、新橋駅前ビルと同様に、半露天の一杯飲み屋が連なっている。屋外の横丁に比べて空気がこもりやすいから、店々から漂ってくる臭いが通路いっぱいに充満している。もつ焼き・海鮮・焼鳥など、店によって微妙にジャンルが異なるから、漂ってくる香りにも個性があって面白い。仕事帰りのサラリーマンにとっては、立ち寄らずにはいられない芳香だろう。

南は、ニュー新橋ビルの南側、桜田公園と西口通りの間。いわゆる烏森《からすもり》界隈。ここで満を持して、地上の横丁が登場だ。この界隈がすごいのは、半露天の飲み屋がどこも混雑しているうえ、横丁を歩く人もとても多いということ。連日、お祭りのような人出で賑わっているのだ。飲み客は意外と若い女性も多いから、レトロな雰囲気の中にも華がある。そして、多くの一杯飲み屋が古風な赤提灯を掲げているのも泣かせる演出だ。

そして北へ歩けば、JRガード下の大衆飲み屋街がある。ここは、30代の頃にだいぶお世話になった。というかだいぶ散財した。すっかりご無沙汰してしまっているが、最近では女性に人気のお洒落な店も増えてきているという。

これだけ飲み屋街が充実している駅は、東京のみならず全国で見ても、なかなかないだろう。横綱が第1位という順当な結果になってしまったが、どこをどう検証しても抗《あらが》えなかった。

第2位　西荻窪駅

ここからは、少し「意外性」も考慮しながら紹介していきたい。都内のJR駅は、たいてい駅前にロータリーや広場が整備されている。だから、出てすぐに横丁、という駅は少ない。横丁の入口が、駅前から微妙に離れていることが多いのだ。しかし、JR中央線・西荻窪駅は、駅前にロータリーも広場もない。特に南口は、駅前がいきなり狭い路地になっている。そして、ここに飲み屋街が広がっているのだ。「駅近」という観点で見れば、横丁指数は新橋駅を凌駕するかもしれない。

南口を出てまっすぐ、アーケードのある中央通り方面には、間仕切りのある大衆酒場が多く連なる。これに対して、南口を出て右の路地は半露天の飲み屋が多い赤提灯横丁。ハッキリ色分けされているのが面白い。そして、駅前に広場もロータリーもないから、飲み客だけでなく近隣住民も、通勤・通学ルートとして日々これらの横丁を歩いている。飲み客と足早に通り抜ける人々が交錯する光景は、他の飲み屋街ではあまり見られない特徴になっている。

第3位　中野駅

JR中央線からもうひと駅ランクイン。中野駅を中心に、南北それぞれに繁華街が開けている。このうち北口側、アーケードのあるブロードウェイ通りの東側に、雑多な飲み屋街がある。路地がかなり複雑に入り組んでいる。慣れない人は目当ての店を見つけるのも難しいだろうし、酒に酔った状態では飲み屋街から出るのも難しいのではないかと感じるほどだ。

飲み屋の種類も多彩だ。半露天の赤提灯が目立つけれど、間仕切りのある大衆居酒屋にお洒落バル、そしてダイニングバーまで、あらゆるスタイルの飲み屋が集結している。だから、客層も老若男女さまざま。横丁はサラリーマン天国というイメージが強いけれど、中野では若者グループや女性の姿も多く見かける。新橋の烏森界隈と渋谷センター街を合体させたような雰囲気だ。

飲み屋の数は西荻窪よりもはるかに多く、新橋・烏森界隈にも引けをとらない。

第4位　大井町駅

東西に大きなロータリーが整備され、横丁の雰囲気がまったく感じられない、JR京浜東北線・大井町駅の駅前風景。しかし、JR東口を出て左手、線路沿いの東小路から平和小路、すずらん通りにかけての一帯だけが別世界になっている。店舗数はさほど多くないものの、駅前風景とのギャップが大きいだけに強く印象に残る横丁。車は一切入れない狭い路地に、60軒ほどの飲み屋や飲食店が連なっている。路地の狭さは、ベスト5に挙げた横丁の中で随一。店先に出された置き看板を避けながら歩くのもまた一興だ。

近年では、カメラ片手の外国人観光客の姿もよく見かけるようになってきた。できれば、写真を撮るだけで立ち去るのではなく、チューハイの一杯くらいは飲んで、ディープな日本の雰囲気を肌で体感してほしいものだ。

第5位　京成立石駅

駅前がいきなり狭い路地という点では、西荻窪駅に通じる雰囲気がある京成立石駅。ただ、線路が地平を走っており、駅舎もあまり大きくはないので、西荻窪ほどのギャップはない。立ち飲

京成立石駅前・仲見世通り

み屋は駅の北側にたくさんあるのだけれど、私が好きなのは南側の仲見世通り。各種商店や飲食店が連なるアーケードの商店街の中に、半露天の一杯飲み屋が点在している。「連なっている」のではなく、一軒おきに飲み屋があるようなイメージだ。

エプロン姿のおばちゃんが自転車で夕飯の食材を買いに来ているそのすぐ隣で、おっちゃんたちがもつ焼きをビールで流し込んでいる。この混在感は、他の街にはなかなかないのではないだろうか。

駅前横町 \ あるある /

- 仕事中、横丁で昼間から飲んでるおじさんを見るとうらやましい
- 新橋駅前にただよう王者の風格
- 初めて行くときはちょっと緊張するが、行くと意外とフレンドリー

東京は人口密度が高く生き残りやすい
有名商店街のある10駅

文／小川裕夫

RANKING

順位	駅名（路線名）	商店街名
1位	高円寺（JR：中央線他）	高円寺純情ほか
2位	下北沢（京王：井の頭線他）	下北沢南口
3位	巣鴨（JR：山手線他）	巣鴨地蔵通り
4位	十条（JR：埼京線）	十条銀座
5位	大山（東武：東上線）	ハッピーロード大山
6位	武蔵小山（東急：目黒線）	武蔵小山PALM
7位	戸越銀座（東急：池上線）	戸越銀座
8位	三ノ輪橋（都電：荒川線）	ジョイフル三ノ輪
9位	麻布十番（東京メトロ：南北線他）	麻布十番
10位	御徒町（JR：山手線他）	佐竹

出所：筆者調べ

大資本による店が台頭したことや個人営業の商店は後継者が不足していることなどが深刻化し、商店街を構成する店のラインナップは年を経るごとに、チェーン店が並ぶだけになってきた。

これでは、どこに行っても同じような店が並んでいるだけで本来なら商店街の魅力とされる「個性」が発揮できない。街の独自性、それが商店街ならではは魅力でもある。

駅前に広がる「アングラ商店街」

ＪＲ中央線は古い商店が多く存在する商店街として知られる。サブカルタウンを沿線に抱え、アンダーグラウンドの新宿ゴールデン街にも近い。そうした立地が、中野駅・阿佐ケ谷駅・高円寺駅・荻窪駅などのそれぞれの個性をはぐくんできた。

中央線は一駅隣に移動するだけで街の様相は一変する。同時に街の文化もそれぞれ微妙に異なる。中央線だけでも雑誌の特集が繰り返し組まれるディープ路線だが、ここでは中央線の代表として高円寺を取り上げておきたい。

高円寺は中央線のサブカルチャーを牽引してきた街として知られる。高円寺の文化を培《つちか》ってきたのは主にライブハウス・古書店・カフェ・バー・古着屋といった類の店で、これらに共通するのは若者が積極的に足を運ぶ点だ。若者は流行に敏感だから、多くの人とモノが集まる渋谷や原宿、新宿、池袋といった巨大ターミナルに足を向けがちだ。それでも、高円寺には若者が集まるのだから高円寺駅は異色の存在でもある。

高円寺の特徴は駅を中心に南北に大小10以上の商店街が連なっている点にある。これらは別組織で切磋琢磨しているが、そうした競争が高円寺の魅力を高めている要因にもなっている。

高円寺の商店街を特に有名にしたのは、直木賞作家・ねじめ正一《しょういち》『高円寺純情商店街』による影響が大きい。同小説の影響で、かつて別の名前だった商店街は、小説と同名に改称したほどだ。

若者によって商店街が活気を保っている高円寺ばかりではない。小田急電鉄と京王電鉄井の頭線が交差する下北沢駅も若者に人気の街だ。下北沢駅もアングラ文化を牽引した街だが、高円寺と異なるのはそれらが劇場によって醸成された点にある。

高齢者の商店街での消費額は多い

高円寺と下北沢のように若者を中心として進化している街がある一方で、高齢者によって人気を確固たるものにしている商店街もある。「おばあちゃんの原宿」として知られる巣鴨だ。高齢者の心をつかんで離さないこの商店街の特徴は、食料品店などでも通りに面して陳列棚が並んで、歩いていても商品を目にし、容易に手に取ることができる点が挙げられる。また、対面販売だから、買い物ついでに馴染みの店員とつい世間話に花が咲く。そうなると、午前中に買い物に訪れても滞在時間が長くなり、結局は昼食・おやつ・夕食という感じで飲み食いして消費額は大きくなる。

都営地下鉄浅草線の戸越駅、ＪＲ埼京線の十条駅、東武東上線の大山駅、東急目黒線の武蔵小山駅なども駅前から商店街が広がっており、これらが街に欠かせないインフラとして機能している。

こうした個人経営の店が軒を連ねる商店街は、〝昔ながらの〟とか〝古きよき〟とか〝昭和の雰囲気を残した〟といった形容詞で語られがちだ。実際、都電荒川線の三ノ輪橋から広がる商店街もそうした昭和の雰囲気が立ち込めて、都電の停留所もホーロー看板を設置したり木のぬくもりを活かしたホームにするなどのリニューアル工事が施された。そうした都電側の後押しもあって、ますます〝昭和レトロ感〟を前面に押し出すような商店街になっている。

十条駅は昭和レトロ感はそれほど放っていないが、昔ながらの個人商店が多く並び、それぞれが競い合っているという点では稀有《けう》な駅と言えるかもしれない。十条駅は埼京線の池袋と赤羽という、埼玉県民が地盤とする駅に挟まれているが、十条駅を利用するのは、ほとんど十条住民だろう。そして、十条駅一帯の商店街で買い物をする客も、地元住民が大半を占める。わざわざ外から十条の商店街に訪問する理由はあまりない。そうした意味で、十条駅は地元に支えられているると言っていいだろう。

同様のケースは大山駅にも当てはまる。ただし、大山駅の商店街は板橋区でも随一。東武東上線でも指折りとして知られることから、中板橋駅や成増駅といった東上線沿線近隣の買い物客も多く集めている。

周辺の駅からも客を呼び込んでいる点では、武蔵小山駅も同じ力を持っている。武蔵小山駅前の商店街「パルム」は東京一長いアーケード街が謳い文句になっており、ウインドーショッピングがてら商店街を歩いているうちに、気づいたら戸越銀座駅の圏内に入ってしまうなんてこともある。駅前から縦横無尽に商店街が広がっているため、そうした現象が起こるのだ。

こうした元気な商店街に共通しているのは、成長する街・駅はうまく若い世代を取り込んでいることだ。そして、常に若い・新しい客を取り込むことに精力を傾けている。

個人経営の商店が多く残っている商店街の共通点は若い来街者・若い居住者が街や商店を愛し、それぞれの店を利用しているからで、そうした新しい客、若い客層の取り込みの成否が商店街の明暗を分けている。

老舗とチェーン店が混在する麻布十番

東京メトロ南北線・都営地下鉄大江戸線が交差する麻布十番駅は、そうした新しい風を常に受け入れてきた。港区という立地だけあって、周辺の商店街でも大資本によるチェーン店の進出は顕著だが、それでも江戸時代から営業をつづける蕎麦店・和菓子屋といった老舗も多く、それらがうまくチェーン店と共存しているのも麻布十番の特徴と言えるかもしれない。

近年、区画整理事業によって大幅に駅前が変貌した御徒町《おかちまち》も、麻布十番と同様な歴史を経ていると言える。もともと、上野の闇市が形成されたアメ横を軸に、御徒町は無数の商店やマーケットが立ち並んだ。高度経済成長期は金の卵と称される東北出身が上野駅に降り立ち、周辺の工場や商店に就職していった。彼らはもっぱら住み込みで働いていたが、休日などは上野で過ごすことも多く、盆暮れの帰省では夜行列車待ちで上野駅に長時間待機していた。そのとき、御徒町の露店などで酒や食料を買い込む。そうやって発展してきた御徒町の商店街は、2015（平成27）年の上野東京ラインの開業によって通過駅となり、衰退の危機も噂された。

こうした魅力的な商店街が、それぞれの駅の特徴となっていることは間違いない。駅は人が行き交う交差点だが、商店街も人の生活が根づいており、どちらもその街の息遣いを肌で感じられる場と言えるだろう。

有名商店街駅 あるある

- 夕暮れ時には昭和レトロ感漂う雰囲気に、ノスタルジックになる
- 地方出身者は東京の商店街の賑わいに驚く
- 武蔵小山のパルムを歩いていると思ったら、いつの間にか戸越銀座

駅ビル利便性ベスト10駅

駅の「顔」ターミナル駅のそれぞれの特徴は？

文／編集部

♛ RANKING

順位	駅名（路線名）	総売場面積（㎡）
1位	池袋（JR：埼京線他）	291,848
2位	横浜（JR：東海道線他）	250,738
3位	新宿（JR：中央線他）	161,088
4位	東京（JR：中央線他）	90,827
5位	千葉（JR：総武線他）	84,646
6位	北千住（JR：常磐線他）	52,950
7位	川崎（JR：東海道線）	50,083
8位	渋谷（JR：山手線他）	47,488
9位	立川（JR：中央線他）	39,370
10位	吉祥寺（JR:中央線他）	27,185

出所：一般社団法人日本ショッピングセンター協会HPより、編集部作成

ターミナル駅を訪れると必ずと言っていいほど存在しているものが駅ビルだ。百貨店やショッピングセンターなど、形式は様々だが、だいたいが衣類や雑貨、食料品などを取り扱い、駅に直結しているので、駅の外に出ず、買い物を済ませるこ

とができる。

駅ビルとは、駅舎に商業施設などが入っている建物のことだが、今回は駅に隣接している商業施設・百貨店について考える。また、駅ビルの利便性といっても、それぞれ、使用頻度の高い沿線上にある駅ビルを利用しているだろう。なので、駅ビルの店舗面積を駅ごとに合計し、順に利便性が高いものとして述べていく。

新宿駅は駅ビルの数も1位

駅ビルとして代表的なものにＪＲ東日本のグループ会社であるルミネ、アトレがある。ＪＲ線上に出店され、新宿駅や渋谷駅といった首都圏の主要駅のみならず、大宮駅、立川駅、横浜駅など主要ターミナル駅に数多く出店されている。ルミネは14駅、19店舗、アトレは15駅、17店舗。今回、充実度で1位だった池袋駅には、アトレはないものの、ルミネはある。池袋駅の1日の平均乗降人員数はＪＲ・私鉄合わせると約262万人（2015年度）。新宿に次いで第2位となっている。池袋駅のルミネは東武プラザ館と繋がっており、結果ルミネの面積が他と比べ、断トツで1位となっている。

次いで横浜駅。所属は神奈川県だが、出身地を聞くと必ず「横浜」と答える浜っこが多い横浜駅は都内の主要駅を抜いて2位。横浜に本社を置く企業も多数存在し、観光スポットも多く、大勢が横浜駅を利用する。そんなニーズに応え、駅ビルが充実していったのだろうか。ルミネや西武・そごうといった駅ビルのみならず、相鉄線のグループ会社、相鉄ビルマネジメントが運営するジョイナスがある。

3位は新宿駅。駅が複雑化し巨大なダンジョンとなった新宿駅は、迷い迷ってとりあえず近場の改札から出て、目的の改札にたどり着くまでの間に、様々な駅ビルを目にする。それもそのはず、新宿駅にはルミネだけで1、2、エスト、NEWoManと4つもあるのだ。他にも西武・そごう、京王百貨店、小田急百貨店、小田急系列の新宿ミロード、Flagsなど多種多様な駅ビルが存在している。店舗面積では池袋駅に負けてはいるが、数は多い。さすがは乗降人員数1位。

都心まで行かなくても用が足りるベッドタウンの駅ビル

4位以下になると、都心から外れた、東京ベッドタウンの駅がランクインしてくる。千葉駅は乗降人員数だけでいうと20・9万人（2015年度）とあまりぱっとしないが、西武・そごうは本館とオーロラモールジュンヌと分かれており、その大きさから、千葉駅は5位となっている。また、その後には7位に川崎駅もランクインし、東京ベッドタウンの駅ビルの重要性がうかがえる。

6位の北千住駅、9位の立川駅、10位の吉祥寺駅は、都心まで遠いわけではないが、これだけ駅ビルが地元で充実していたら休みの日にわざわざ人の多い都心まで行かなくても、という気分になる。実際、立川近辺に暮らす人は「新宿にあるルミネや伊勢丹、高島屋は立川にもあるので、立川で買い物は済む」と話す。

このあたりの駅は乗降人員数ではそこまで上位ではないが、逆に、乗降人員数上位の品川駅や新橋駅とは休日に利用者が逆転する結果となる。やはりオフィス街にある駅は働くために利用され、休日の買い物をする場所ではない。都心から離れた駅は住宅街に近く、暮らすための駅なのだとこのランキングを見て実感した。

ちなみに、乗降人員数では3位の渋谷駅は今回のランキングでは8位。渋谷駅は若者の街として知られ、買い物の街、という認識もある。なぜ他の上位駅、池袋駅や新宿駅と比べランキングが下がるのか。その理由としては、渋谷は買い物の街であるがゆえに、商業施設が点在し、飛び地となっている傾向があるからだ。渋谷のルミネマンはルミネとしては珍しく、駅とは離れた場所にある。

他にも東急ハンズやロフトなど、他の駅では駅ビルの中の一つである店舗が独立したビルとなっており、その分、他店舗では見られないような品数を誇っている。また、同様に渋谷駅から表参道駅方面へ歩くと、駅ビルにも入っているアパレルの路面店が軒を連ねており、渋谷駅を買い物で利用する人々は「色んなものがたくさん」売っている駅ビルより、「限定された、一つのもの」を買いに行くのではないだろうか。駅ビルは街の特性も表している。

結果的に利便性が高いのは

ここまで各駅ビルの特徴について触れてきたが、結果的に、駅ビルとしての利便性が高いのはどの駅だろうか。

店舗面積でいえば、池袋駅は断トツで1位ではある。しかし、ルミネ、パルコ、エソラ、西武・そごう、東武百貨店と、種類が同じ商業施設がかぶっている。一方、新宿駅は各鉄道会社の百貨店のみならず、さきほども述べた小田急系列のミロード、Ｆｌａｇｓ、ＮＥＷｏＭａｎなど種類が豊富である。ＮＥＷｏＭａｎは２０１６年に株式会社ルミネが建てたＪＲ東日本系列の駅ビルだ。バスタ新宿の開設に合わせて建てられたこの駅ビルは、売上は好調な滑り出しのようで、ＪＲ東日本は開業翌年度となる２０１７年３月期の営業収益の計画を前年度からプラスとし、２７４０億円と発表した。このバスタ新宿の開設は、国内からの高速バス利用の旅行者、さらに、海外からの旅行者が空港からバスでバスタ新宿を目指すことで、新宿駅を利用する頻度が増え、駅ビルの利用者も増加すると予想される。

新宿駅の上空

日本の首都名がついた、東京駅

東京駅は、今回駅ビルの店舗面積のランキングでは4位となっている。乗降人員数では6位なので、この順位は決して低いわけではないのだが、なんともパッとしない存在となっている。しかし、東京のお土産、駅弁などの特集では必ずと言っていいほど東京駅が紹介される。皆さんご存じのとおり、東京駅は地下がすごいのだ。次は、そんな「駅地下街」について紹介したい。買い物をする街でもなく、住む街でもなく、日本の首都名がついた、この巨大なターミナル駅のすごさは、地下にあるのだ。

駅ビル　あるある

▼池袋駅東口に東武があり、西口に西武があると間違えがち

▼立川駅ですべての用事が済むと思ってるし、実際に困らない

▼余裕をもって東京駅に着いても、広すぎるので結果焦る

駅地下街の充実度ベスト5駅

乗り換えついでの「ながら」買い物

文／編集部

RANKING

順位	駅名（路線名）	店舗数
1位	東京（JR：中央線他）	419
2位	新宿（JR：中央線他）	180
3位	川崎（JR：東海道線）	163
4位	池袋（JR：埼京線他）	156
5位	横浜（JR：東海道線他）	116

出所：各社HPより編集部作成

先ほどは駅ビルについて述べたが、今度は駅地下街について調べてみよう。というのも駅地下街にも様々な業種形態があり、それぞれのターゲットがあり、方向性がある。

駅地下街、と聞いてまず思いつくのが名古屋の駅地下街だ。エスカ、メイチカ、ユニモールなど9つもの駅地下街が合わさり、巨大な地下街が構成されている。一点集中型の街である。それに比べ首都圏では、繁華街があちこちに点在し、地上の駅ビルも百貨店も、それぞれ充実していることなどから、駅地下街はそれほど大きくはない。街の規模に比べ、地下街自体も少ない。それでも、首都圏にも駅地下街は存在し、今日もたくさんの買い物客で賑わっている。

駅地下街が東京で一番充実している東京駅

駅ビルの中でも紹介したが、東京駅は地下街が凄い。八重洲地下街、グランスタ、東京駅一番街など、地下街だけでも9つあり、その店舗数の合計は419店舗。2位の新宿駅の倍以上となる。なぜそんなに駅地下が発展したのか、という理由の一つに、東京駅の構造があるだろう。

新幹線の始発駅である東京駅はJRだけでも8路線が乗り入れし、総武線、京葉線のホームは地下にある。初めて行くと、とても複雑な構造で迷ってしまう。さらにここから地下鉄に乗り換えるとなると、また地下道を歩く。駅の構造として、地下を歩くことが多い。

そして、駅の乗降人員数は約100万人（2015年度）で、新幹線の乗降人員数と合わせると約114万人（2015年度）にもなる。それだけ大勢の人がこの駅を利用し、どこかへ向かっている。この駅の利用者はここが目的地ではなく、経由地とする場合が多い。そのため、衣類を扱う店より、多種多様な東京のお土産、お弁当、出発・到着前の腹ごしらえをする場所を欲しているのだ。114万人という莫大な人数に対応するために、巨大な地下街が構成されたと考えていいだろう。

不便な移動は「ながら買い物」でカバー

2位の新宿駅。その地下街のうち2社は、鉄道の系列会社が運営している。小田急系列の小田急エース、京王線系列の京王モールだ。特徴としては、先程の東京駅と違い衣類を扱う店が多いことだ。駅に直結している駅地下街は、暑い時は涼みながら、寒い時は温まりながら駅に向かえる。駅まで急ぐ必要がないときは、ぶらぶらと店を覗きながら、駅に行くことができるのだ。

川崎駅地下街「アゼリア」の宇宙カプセル

3位の川崎駅はJR線と京急線があり、どちらも乗降人員数は多い。しかしその二つの駅は少し距離があるので少々不便だ。そんな二つの駅を駅地下街が結んでいる。地下道の役割もはたすアゼリアは地上にはバス停もあるため、バス乗り場への通路も兼ねている。川崎駅も新宿駅と同様に、JR線から京急線への乗り換えをしながら地下街を通る、「ながら買い物」ができる。また、5位の横浜駅も地下街はポルタしかないが、こちらもJR線から京急線へ行くことができる構造となっている。基本的に京急線はJR線とは少し離れた場所に駅が建っているが、地下街を通って連絡通路とするならば、ながら買い物もでき、駅利用者にとっては何ともありがたい話である。

新規利用者の獲得を狙う東京メトロ

４位、池袋駅の地下街には特徴がある。エチカという東京メトロが運営している駅地下街が入っている点だ。２００９年に新しくできた、この駅地下街は、ターゲットは20代〜40代のカップル、としてあるように、かわいらしく、清潔な感じの造りとなっている。東京メトロ副都心線池袋駅のコンコース部分を中心に構成されているが、やはり副都心線の他路線乗り入れに合わせたものだろう。年配の人は老舗百貨店を利用することが多いが、地下街に新規で客をもってくるには、若い層をターゲットとし、呼び込む必要性があっただろう。

駅地下街あるある

- 買う予定はなくても行列ができている店の商品につい惹かれる
- 駅地下街を堪能する前に間違えて改札を通ってしまう東京駅
- 川崎駅地下街アゼリアにある宇宙カプセルは川崎の顔

駅トイレ利便性が高い駅（女性編）

我慢する？ 手前で降りる？

文／編集部

乗り換えの時や駅での待ち合せ前に、トイレを探すことは多い。ここではそんな「駅とトイレ」という、切り離せない問題について調べた。各方面から主要駅に向かう際に主要駅まで我慢したほうがよいのか、一つ手前で降りて利用するか、どちらがいいか上記計14カ所の駅トイレを調べてみた。

なお、女性の場合はあまり「我慢できない」ということはなく、綺麗度のほう

RANKING

順位	駅名（路線名）	総合点（10満点）
1位	浅草橋（JR：総武線）	10
2位	中野（JR：中央線）	8.5
3位	上野（JR：山手線他）	8.0
4位	新宿（JR：中央線他）	7.0
5位	東京（JR：京葉線他）	6.5

注：首都圏方面へ向かう路線のJR駅、板橋駅、池袋駅、日暮里駅、上野駅、秋葉原駅、浅草橋駅、八丁堀駅、東京駅、品川駅、大井町駅、恵比寿駅、渋谷駅、中野駅、新宿駅を調査

出所：編集部作成

が気になるので、そちらを加味してランキングをつけた。まず初めに女性編。

総武線で都心に行くなら、浅草橋駅を利用するべし

今回の14駅中、一番のおすすめトイレがあるのはJR総武線の浅草橋駅だ。1日の乗降人員数5・4万人（2015年度）という小さな駅なので、トイレ箇所は2カ所、しかし便器総数は洋式と和式合わせて8つとわりと多めで、混雑しておらず、気兼ねなく利用できる。ゴミも落ちておらず、消臭剤（フローラル）の匂いがかすかにする。駅利用者の少なさから、清潔度が保たれているのだろうか。隣の秋葉原駅も不衛生ではないが大変混雑しているので、総武線を利用する際は、ぜひ浅草橋駅を利用していただきたい。

消去法で選ばれた、上野駅と品川駅

山手線や京浜東北線に乗って上野駅を目指す際、または東海道線で品川駅を目指す際は、どうか一つ手前で降りず、そのまま目的地まで向かってほしい。上野駅はトイレによって混雑度が大きく異なるものの、モダン調のトイレが2か所あり、とても綺麗で、さらに匂いも消臭剤の効果がしっかりと感じられ、清潔感があった。それに対し、お隣の日暮里駅は今回最下位。10・7万人の乗降人員に対し、トイレは一箇所しかなく、便器が6つしかなかった。そのためとても混雑

していた。清潔度は普通だったが、臭いが強く、上野駅との落差が激しすぎる。一方、品川駅はいたって普通のトイレだが、隣の大井町駅は臭いが気になる。ごみが落ちているわけではないので、視覚的にはきれいだが、臭いがとにかく気になる。そういった理由で、この2つの駅に関しては目的地まで乗車してほしい。

気分によって、どちらでもいいと思う駅

中央線の新宿駅と中野駅、京葉線の東京駅と八丁堀駅はどちらも大した差はなく、いうなれば新宿駅はどこも混雑度は高めだが、トイレは4カ所あるので、混雑していれば他に行くこともできる。中野駅は古いトイレではあるが、不衛生というわけではなく、空いているので待つ必要もない。ベビー休憩室もあるので、ゆったり利用することができる。東京駅も同様に、混雑度は割と高めだが、その広さゆえに数も多く、常に清掃されていた。八丁堀駅は綺麗だが、臭いが少し気になる程度で、どちらも一般的なトイレゆえに、どちらを利用してもいいと感じた。時間があれば我慢せず、手前で降りて利用してもいいだろう。

最後に紹介するのはマイナスの意味での「どちらでもいい」駅だ。湘南新宿ラインや山手線、埼京線で恵比寿駅から渋谷駅を目指す場合、どちらの駅も臭いはないが汚れが気になるのであまり利用はしたくはない。渋谷駅はパウダーコーナーの鏡がとにかく汚い。恵比寿駅は洗面台およ

びパウダーコーナーの足元にごみが目立つ。どちらも若者の街だから、と決めつけることはできないが、利用者はぜひ自分の顔を綺麗にしたら、身の回りもきれいにし、その場を後にしていただきたいものだ。

埼京線で板橋駅から池袋駅を目指す場合、これについてもどちらでもいい。池袋駅は乗降人員数2位の駅なのに、それに対してトイレの数が少ない。中央改札1のトイレは、混み合っているにもかかわらず、和式と洋式のトイレが半々のため、待ち時間が長くなっている。板橋駅はゴミが落ちていたり、臭いがきつかったりと清潔度は低く、改札内ではあるが、とにかく寒いということが印象的だった。そういった点で「公衆トイレ」感がかなり強くなっており、混雑していない板橋駅か、混雑している池袋駅で順番を待つか、お好きなほうをどうぞ、といったところだ。

女子トイレ あるある

- **やけに混んでると思ったら和式トイレがガラガラ**
- **パウダーコーナーが綺麗だと駅の好感度が上がる**
- **あまりの混み具合に、ついに男子トイレに向かうおばちゃん**

「腹弱男子」必読！

駅トイレ利便性が高い駅（男性編）

文／編集部

駅のトイレに男性が求めるもの。それはとてもシンプルだった。緊急事態に対応可能なトイレ、つまり待たずに利用できるトイレが高評価を得た。もちろんトイレは清潔で設備も新しいほうがいいが、〝駅トイレ〟の存在意義は何よりも〝今、すぐに〟使えることのようである。

男性も個室の占有率が重要

調査の結果、〝小〟を催した場合、概ねどの駅でも大事には至らないことが判明。酔客で便

♛ RANKING

順位	駅名（路線名）	総合点（10満点）
1位	東京（JR：山手線他）	10
2位	品川（JR：京浜東北線他）	8.5
3位	上野（JR：山手線他）	8.0
4位	八丁堀（JR：京葉線他）	7.5
5位	中野（JR：中央線）	6.5

注：女性編同様の14駅を調査

出所：編集部作成

器がずっと占有されてしまうといった、きわめてまれなケースに遭遇しないかぎり事故は未然に防げるだろう。

問題は〝大〟に呼ばれてしまった場合だ。通勤・通学でふだんから使い慣れている路線なら、経験値から「ここは見送って、次の駅で」といった対応もできるが、そうでない場合、駅ごとの個室の混雑状況には注意を怠らないようにしたい。

東京の表玄関・東京駅が群を抜いてトップに

今回調査の14駅中、男性目線でもっとも利便性が高いと評価したのがＪＲ東京駅である。改札内に設置されたトイレが13ヵ所（小便器90以上、個室58）という他を圧倒する数のため、駅利用者数の多さにもかかわらずトイレの混雑がないことが最大の要因だ。リニューアルによる設備の新しさ、清掃も行き届いていることが、プラスとなる結果となった。ただし、広い構内は駅に不慣れな人には迷宮のようにも思われ、目的地にたどり着くまでに意外と時間がかかってしまう可能性もある。油断は禁物だ。

乗客数1位の新宿駅、2位の池袋駅だが、トイレの利便性は低い

乗客数世界一を誇る東京の西の玄関口・新宿駅は、乗降客数の多さに比して個室総数24（和式

11）と設置数に問題がありそうだ。実際に混雑が激しく、サザンテラス口を除いては緊急時には不向きだと判断。また、常に使用中で清掃が行き届かないのか、清潔感にも欠ける印象で低い評価となった。中央線経由で新宿乗り換えの際にトイレ利用をと考えるなら、一駅前の中野駅（個室5）利用のほうが得策だろう。

乗降客数第2位の池袋に至っては個室14（和式5）という状況だ。調査中も個室は常に使用中で、緊急時に池袋駅でのトイレ利用を考えるのはリスキーだと実感させられた。新宿駅同様「巨大ターミナル駅だから」「乗り換えの途中だから」と考えると失敗してしまう可能性が大。もっとも新宿や池袋なら駅ビル内の比較的清潔なトイレに駆け込むという手もあるだろう。山手線利用なら隣の目白駅（個室2）、大塚駅（個室4）の利用を考えたほうがよいだろう。

北の玄関口、南の玄関口　ともに健闘

北の玄関口・上野駅はエキナカ商用施設エキュートによって快適に使えるトイレが増えた（個室20）。したがって場所により設備の新旧はまちまちだが、男性トイレでの行列はほぼないため、利便性は高いと判断した。山手線を利用する場合、西日暮里駅、日暮里駅ともにトイレの利便性は低いので、上野駅利用を念頭に置いておくとよいだろう。

同様にエキュート品川、エキュート品川サウスを抱える南の玄関口・品川駅も男性トイレ（個

室20）での混雑はなかった。休日のランチや週末のディナーの時間帯は隣の女性トイレの行列は常態化しているが、男性トイレ利用に関しては利便性が高いと言ってよいだろう。

一方で、大規模な再開発が進む渋谷駅には渋い判定を下す結果となった。活気ある街の宿命なのか、駅のトイレ（個室11）は混雑する時間帯が多く、清潔感にも欠けた。駅周辺の商用施設の充実のわりに駅構内のトイレの増設が追い付いていないのが原因だろう。新宿駅、池袋駅の少なさまではいかないものの、がまんができなくなりそうな場合、渋谷駅のトイレに期待するのは危険に思われた。加えて、お隣の原宿駅は個室2室で、うち1室が和式。休日の混雑時の利用は自殺行為に等しいと覚悟しなくてはならないだろう。

男子トイレ＼あるある／

▼個室からおばさん登場！　女子トイレが長蛇の列だからって……

▼和式トイレは小便器だと認識している人がいて、床がびしょびしょ

▼残尿処理にやたらと懸命に取り組むオジサン

駅そば名店がある5駅

そばを食べにプチ電車旅へ

文／鈴木弘毅

♛ RANKING

順位	駅名（路線名）	店名
1位	池袋（JR：埼京線他）	そばいち二八
2位	新橋（JR：山手線他）	かのや
3位	桜木町（JR：根岸線他）	川村屋
4位	我孫子（JR：常磐線他）	弥生軒
5位	秋葉原（JR：総武線他）	新田毎

出所：筆者調べ

出汁《だし》の香りに誘われて、さほどお腹は空いていないのについつい立ち寄ってしまう「駅そば」。その基本は「早く安く」だから、味は二の次だと思っている方も少なくないだろう。確かに、化学調味料をたっぷり使って、「安かろう悪かろう」な一杯を出している店も、あることはある。

しかし、ファストフード店の競争激化や、鉄道各社の相互乗り入れなどにより、駅そばも立地の良さに胡坐《あぐら》をかいてはいられない時代になってきている。

麺は温めるだけの「茹《ゆ》で麺」から各店舗で茹であげる「生麺」にシフトし、つゆも濃縮タイプを薄めるだけのものから店内でしっかりと出汁をとったものが主流になり、天ぷらは買ってきただけのものから店内で揚げるスタイルに進化している。

もはや「駅そば」では済まない「そばいち二八」

近年の駅そばのレベルアップを象徴するような店が、池袋駅にある。ＪＲ改札外にあるフードコート「ＩＫＥ麺ＫＩＴＣＨＥＮ」内に店を構える、「そばいち二八」。ＪＲ系列の日本レストランエンタプライズが打ち出した、「そばいち」の系列店であり、二八そば（そば粉８割）を提供する新業態店舗だ。しかも、製麺の工程から店内で行っているというからなおのこと衝撃的だ。

そば粉比率が高いだけに、温かいつゆに浸《つ》かると伸びやすい。かけ系のそばも間違いなく美味しいのだけれど、魅力を１００％楽しむにはもり系で食べるのがオススメだ。硬質なコシと、鮮やかなそばの香り。ガツンとくるだけでなく、細麺仕立てならではの繊細な舌触りも印象的だ。つゆもカツオ出汁が優雅に香るし、ワサビも練り物ではなく生ワサビを添えている。細部に至るまで本格志向にこだわったもりそばを、３２０円で楽しめるのだ。

新橋駅『かのや』

かきあげそば

「かのや」のそばは、つゆのおいしさがポイント

いっぽう、ぜひかけ系のメニューを食べてみていただきたいのが、新橋駅烏森改札外にある「かのや」だ。もともとこの場所には、ＪＲ系列の駅そば店があった。しかし、駅の改修工事とともに閉店。工事が終わって跡地に入ったのは、エキナカ初進出となる「かのや」だった。

こちらは、そば粉と小麦粉が半々の5割そば。そば本来の香り・食感という点では、池袋「そばいち二八」に及ばないかもしれない。とはいえ、そば粉比率は平均3割と言われている駅そばの世界。5割でも、一般的な駅そば店よりはるかにそばの香りが豊かに感じられる。また、二八そばに比べ桜木町駅『川村屋』

とりにくそば

て温かいつゆに浸かっても伸びにくく、出汁の香りとのバランス感が良い。太麺仕立てで、ズッシリとした食べ応えを満喫できるのも嬉しいところだ。

つゆは、醤油の香ばしさが強いいわゆる関東風のものではなく、淡麗なうすくち仕立て。淡麗でありながら、様々な魚介を合わせた出汁に深みがあり、刺々《とげとげ》しさのないまろやかな味わいに仕上がっている。見た目にも味覚的にも、関西、特に中四国・九州の駅そばに通じる部分がある。仮にこのつゆに二八そばを合わせたら、かえってちぐはぐな印象になってしまいそうだ。そばの香りが出汁のまろやかさの上に乗るのではなく、両者がバランスよく共存することで、一体感のある味わいが生まれるのだ。

つゆの美味しさだったら、桜木町駅改札外の「川村屋」も負けていない。洋食店時代を含めて桜木町駅に100年以上根を下ろす老舗だ。冒頭で書いた「出汁の香りに誘われて……」とは、まさにこの店のこと。現在は改装されてあまり香りが外に洩れなくなっているが、かつては改札を出るとすぐに鼻が出汁の香りをキャッチしたものだ。材料は企業秘密だという出汁は、カツオ系プラスαの、深みのある味わいだ。こいくち醤油を使って、醤油の香ばしさも生かしたつゆに仕上げている。かなり濃そうな味に見えるのだけれど、飲んでみると意外にもやさしい。香り豊かで圧倒的な訴求力を持っているのに、途中で飽きることなく最後の一滴まで美味しく飲み干せる。化学調味料を一切使わない、完全無添加のつゆだからこそ出せる味わいだ。

名物は、山梨県のブランド鶏・信玄鶏を使った「とりにくそば」(370円)。信玄鶏は頭を落として羽をむしった状態で横浜に運び、解体してすぐに店舗に納入されるので、鮮度抜群だ。炊くことで固くなりがちな胸肉に、プリッとした弾力がある。やさしい味付けも見事にマッチする。

肉を使った駅そばメニューと言えば、我孫子《あびこ》駅のホームに有名な「唐揚げそば」がある。「裸の大将」として知られる放浪画家・山下清さんが一時期身を寄せていたことでも知られる「弥生軒」の唐揚げそばには、成人男性の拳《こぶし》ほどもあるジャンボ鶏唐揚げを豪快にトッピングする。この一杯を求めて遠方からわざわざ食べに来る人も多い。5~6人で満席になってしまう店内はいつも混雑していて、タイミングによっては店内に入りきらず、店の外に出て、片手で丼を持った

我孫子駅『弥生軒』

唐揚げそば

状態で立ち食いする人の姿を見かけることも珍しくない。さらに、ただ大きいだけではない。食べてもとても美味しい。クリスピーな衣とジューシーなモモ肉が生み出す食感のコントラストと、旨味の連鎖。これにそばつゆの香りが加わって、口の中で華やかな三重奏を奏でるのだ。だから、つゆが美味しくなければ、このメニューは台無しになる。その点、弥生軒のつゆは、カツオとサバの合わせ出汁で厚みのある香りを演出。美味しいと同時に、サバを強めに利かせることで他店にはない独特な風味を生み出している。

　自家製の麺も味わい深い。とかく唐揚げそばばかりがクローズアップされがちな店だけれど、実はベースとなる麺やつゆが美味しい店でもある。かけそばをササッとすするだけでも、充分な満足感を得られるだろう。

ホーム上で駅そばが食べられなくなる？

近年、駅そばはホームからコンコースなどに移設されるケースが目立つ。店舗がある部分のホームが狭くなって危険といった鉄道会社側の事情に加えて、乗降客全員が通る改札付近に比べて集客効率がよくないなど店側の事情もある。しかし、同じ駅そばでも、ホームにある店には独特な情緒があり、雰囲気がより美味しく感じさせてくれるという一面がある。また、ホームに設置されている時刻表や電光掲示などで待ち時間を確認してから食べられる利点もある。

秋葉原駅『新田毎』

というわけで、最後に紹介したいのは、ホームつながりで秋葉原駅。乗り換え通路から5番ホーム（総武線下り）に出るすぐ手前にある、「新田毎《しんたごと》」だ。厳密にはホーム上ではないのだけれど、「ほぼホーム」と言っていい場所にある。とても便利な立地であるうえ、フロアが広いので落ち着いて食べられる。女性の利用も多いようだ。

この店は、特段有名なメニューがあるわけではない。十割そばを使うなど突出したワンポイントがあるわけでもない。すべての要素が一定以上のレベルでまとまっていて、なおかつ質感のある麺とまろやかなつゆの相性がよく、総合的に美味しい名店だ。

オススメは、王道の天ぷらそば（400円）。タマネギの甘みを活かした大判のかき揚げは、定評のある美味さだ。そして、平日の朝6時半から9時半までと14時半から17時まではタイムサービスが適用され、なんと290円で食べられる。かけそばと同額だから、かき揚げがまるまるサービスということだ。この時間帯に行くなら、多彩なメニューに目移りすることなく券売機のボタンを押せる。サービスタイム以外の時間帯に訪れるなら、姿揚げでシャキシャキ感抜群の春菊天そば（430円）もオススメだ。

駅そば名店
＼あるある／

▼普通のそば屋にはない「コロッケそば」がある
▼食べている間はみんなひたすら無言
▼女性にとっては一人で入店することをためらう難易度の高さ

特徴のある駅舎5駅

味わいのある駅舎・かっこいい駅舎はどこ?

文/小川裕夫

♛ RANKING

順位	駅名(路線名)	特長
1位	越中島(JR:京葉線)	線路は地下。駅舎はない
2位	尾久(JR:高崎線)	人気急上昇・穴場駅
3位	柴又(京成:京成金町線)	「男はつらいよ」ロケ地
4位	高田馬場(JR:山手線)	鉄腕アトムの生誕地
5位	高尾山口(京王:京王高尾線)	隈研吾が設計

出所:筆者調べ

関東の駅百選、近畿の駅百選といった具合に、国土交通省は各地域の名駅を選りすぐっている。百選に選出された駅は、歴史的な価値があったり駅舎が建築物として特徴的なデザインをしている……といった理由がある。

しかし、そうした百選に選ばれるような駅ではなくても、個人的な思いを駅に抱く人は多いだろう。デートの待ち合わせで使った、泥酔して電車を乗り過ごして知らない駅に来てしまった、青春18きっぷでぶらり旅をしていて何気な

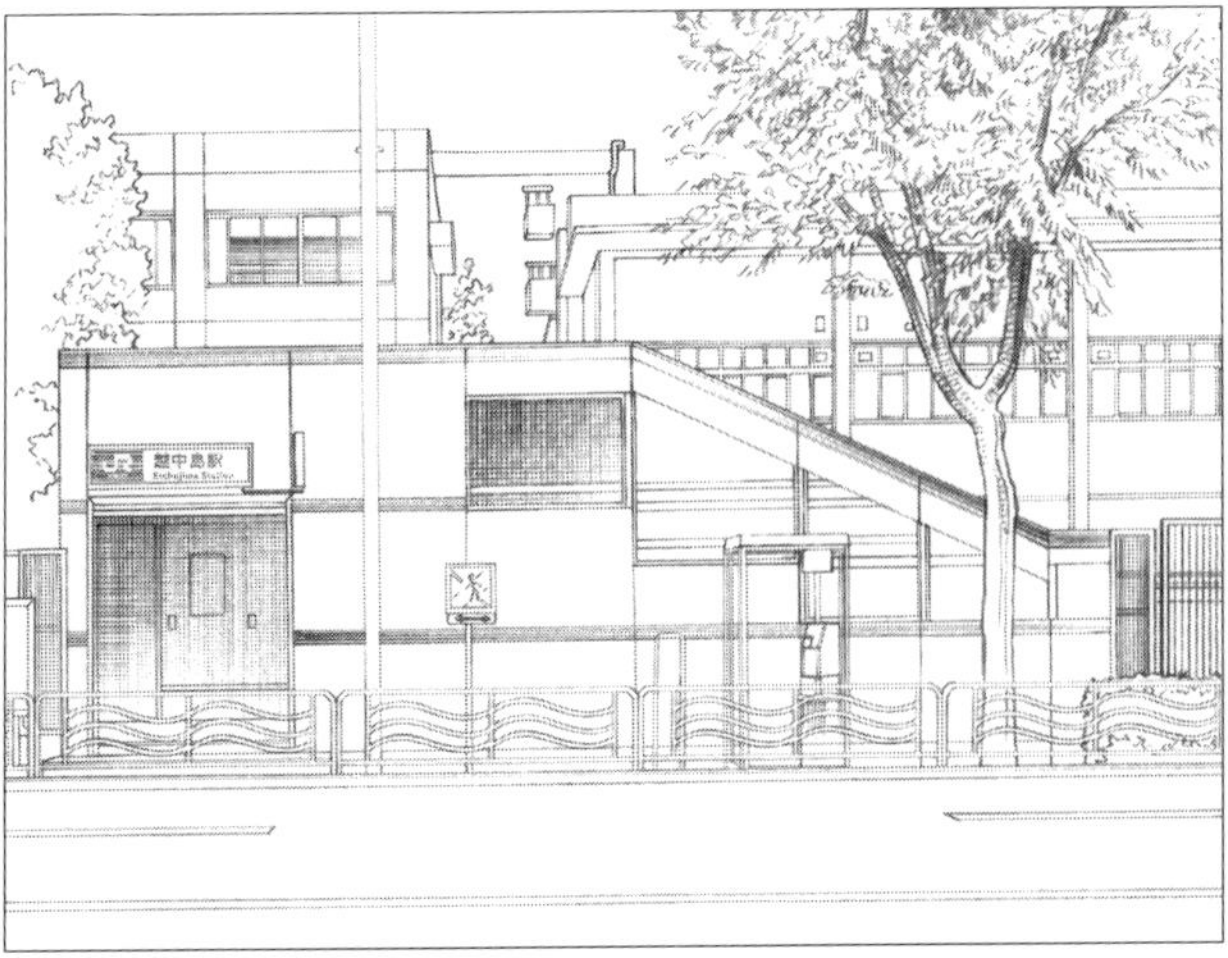

東京都江東区にある、23区のJR乗車人員数ワースト1　JR京葉線・越中島駅

く降りてみた……。１００人の鉄道利用者がいれば１００の物語がある。駅ベスト１００を選ぶのは難しい。

ここでは、関東の駅百選では漏れているけど、味わいのある駅・知られざる魅力のある駅を中心に取り上げる。少しマニアックになるがご了承願いたい。

光が当たらない越中島駅

まず、真っ先に挙げたいのが、ＪＲ京葉線の越中島《えっちゅうじま》駅だ。東京23区は通勤・通学で鉄道を利用する人は多くいる。そうした通勤・通学の場合、決まった駅でしか利用しないが、東京駅や新宿駅といった巨大ターミナル駅は会社帰りや週末に買い物や食事といった用事で下車してしまうことがあるだろう。

東京都北区にある、JR東北本線・尾久駅。東京駅から2駅で行ける

しかし、越中島駅にぶらりと下車する人は、まずいない。同駅を利用するのは主に東京海洋大学や芝浦工業大学の学生たちだが、越中島駅から約1㎞しか離れていない場所に東京メトロ東西線・都営地下鉄大江戸線の門前仲町駅がある。至近の越中島駅よりも何かと便利な門前仲町駅を使っている学生たちは少なくない。

周辺に主だった商業施設がないことや門前仲町駅に利用者を奪われている点などが影響しているためなのか、越中島駅は1日の乗車人員が約5000人（2015年度）。これは東京23区に立地するJRの駅ではワースト1。しかも、ここ数年は不動の地位を保っている。越中島駅は京葉線ながら、線路は地下に敷設されていることもあって駅舎はない。

出入口の建屋は簡素な造りになっているが、それは地下線だからという理由のほかにも利用者が多くないから華美にしなくてもいいといった心理が働いているようにも感じる。

それでも、近年は湾岸エリアの開発が進んで利用者は増加中。今後は大きな発展も期待できる。

越中島駅と利用者数の少なさを争っているのは、京浜東北線の上中里駅。こちらは山手線の駅でもある田端駅から一駅隣に位置している。そんな好立地ながら、上中里駅は武蔵野台地の東端にあり、切り立った崖の間につくられている。駅にはエレベーターやエスカレーターなどが設置されてバリアフリーに対応しているものの、改札口を出ると右は登り坂、左は下り坂。駅からの移動には、とにかくバリアが張り巡らされている。大きな商業施設を建設できない地形のため、同駅の乗車人員は約7400人（2015年度）。同駅は東京新幹線車両センターが至近にあり、また上空を東北・上越・長野新幹線が頻繁に通過していく。新幹線好きにはたまらないスポットで、越中島駅同様に華美にならずに簡素な構造は、どこかしら国鉄時代の面影を感じさせる。

京浜東北線が運転を取り止めてしまったときに、上中里駅の振替輸送として使われるのは約1・5㎞離れている尾久《おく》駅。同駅も23区に立地するJRの駅では約8800人（2015年度）と少ない。尾久駅は眼前に操車場が広がっているために、そもそも周辺の人口が少ない。しかし、近年は赤丸急上昇中の存在でもある。上野から高崎線・宇都宮線で一駅という好アクセスだった尾久駅は2015（平成27）年に上野東京ラインが開業し、東京駅まで電車が直通するようになっ

東京都葛飾区にある、「聖地巡礼」の先がけの京成電鉄金町線・柴又駅前のフーテンの寅像

た。東京駅から電車で2駅という立地は魅力的だろう。ただし、上野駅発の終電が平日は23時38分と早いのが難点と言える。尾久駅前に「OKU」という文字をかたどった公衆トイレがあり、尾久をアピールしている。

一般的に光が当たらない愛すべき首都圏の駅を列挙してきたが、これらの駅は地元住民から深く愛されていることは断言しておきたい。

柴又駅はロケ地「聖地巡礼」の元祖？

地元住民からだけではなく、訪れるファンからも愛される駅と言えば、柴又駅が不動の存在と言えるだろう。映画「男はつらいよ」のロケ地として有名な柴又の最寄駅。京成金町線は東京では珍しい全線が単線区間となっている。駅前を出ると、真っ先に寅さん像がお出迎えしてくれる。茅葺《かやぶ》き風の趣ある駅舎は関東の駅百選にも選出されており、駅舎に掲げられた「柴又駅」の文字も何とも味わい深い字体となっている。熟年層に大人気の柴又駅。

反対に若者ファンが多く訪れるのが亀有駅だ。同駅は『週刊少年ジャンプ』で40年もの長きにわたって連載された「こちら葛飾区亀有交番前派出所」の舞台でもある。北口・南口の両方に主人公の両津勘吉像が設置されており、そのほかの登場人物の像も駅周辺に点在している。駅舎自体に特徴はないが、こち亀２００巻発売の際には駅階段がこれまでの単行本の背表紙で彩られるなど、亀有駅は、まさに、こち亀駅とも言える様相を呈している。

両津勘吉像が出迎えてくれる、東京都葛飾区にあるJR亀有駅

駅が立地する場所にちなんで、映画やドラマ、アニメがコラボするケースは近年になって増加している。地域活性化につながることから、鉄道会社ではなく近隣の商店街などが積極的になっているケースも多々ある。

それらは地域活性化の起爆剤となっているが、必ずしも利用者が少ない駅の取り組みとは限らない。ＪＲ山手線の高田馬場駅は鉄腕アトムの生誕地とされていることから、駅の発車メロディを

東京都八王子市にある、京王電鉄高尾線の終着駅・高尾山口駅。2015年春、リニューアルした

はじめ高架下の壁にもアトムが描かれている。こうした映画やアニメのロケ地・モデルとされている地をファンが訪れる行動形態は〝聖地巡礼〟と呼ばれるようになった。そして、聖地巡礼の経済効果は決して無視できない規模にまで成長した。最近では東武鉄道がアイドル『ももいろクローバーＺ』とコラボし、２０１７年４月５日～２０１７年５月７日の期間限定でふじみ野駅東口の駅名を「ももいろクローバーＺ」駅とするなどの新しい施策を行っている。

世界的建築家が手掛けた美しい高尾山口駅

映画・アニメのロケ地・モデル地を巡る聖地巡礼に対して、京王電鉄の高尾山口駅は正真正銘の聖地巡礼の出発地点駅でもある。同駅は新国立競技場を設計した建築家・隈研吾《くまけんご》が設計を担当。今までの平凡な駅舎と打って変わって、木材をふんだんに使用した新しい駅舎はモダンでありながらもあたたかみがあり、同駅は2016年、グッドデザイン賞を受賞している。

同じ新国立競技場つながりでは、東急電鉄の上野毛《かみのげ》駅も忘れてはいけない存在。こちらを設計したのは建築家・安藤忠雄《あんどうただお》で、2007（平成19）年に開業した。同氏の特徴とも言えるコンクリート打ちっぱなしの駅舎は、シンプルであるがとても洗練されたデザインで同駅は半地下にあるが光が差し込むように設計され、明るい雰囲気を演出している。宇宙船ならぬ「地宙船」をテーマにデザインされ、その独特の卵型の駅舎が話題となった、東急東横線、東京メトロ副都心線の渋谷駅も同氏の設計である。

駅舎 あるある

- **ホームに人がほとんどいない、越中島駅**
- **高田馬場駅では発車メロディを思わず口ずさんでしまう**
- **東急東横線渋谷駅でエスカレーターを上がる時の近未来感がすごい**

歴史ある駅のこれから
建築遺産と呼べる10駅

文／小川裕夫

♛ RANKING

順位	駅名(路線名)	開業(年)
1位	深谷 (JR:高崎線他)	1883
1位	上野 (JR:京浜東北線他)	1883
3位	鎌倉 (JR:横須賀線他)	1889
4位	両国 (JR:総武線他)	1904
5位	原宿 (JR:山手線他)	1906
6位	東京 (JR:中央線他)	1914
7位	国立 (JR:中央線他)	1926
8位	田園調布 (東急:東横線他)	1927
8位	浅草 (東武伊勢崎線他)	1927
10位	博物館動物園 (京成:京成本線)	1933

出所:筆者調べ

1872(明治5)年、日本の鉄道が開業した時、ターミナル駅となる新橋駅と横浜駅で開業式典が行なわれた。

新橋駅は近代国家日本の玄関口でもあり、それだけに駅は国家の威信がかかった建築物と言える。そのために政府は意匠や設備にもかなりの力を入れることになった。

新橋駅と横浜駅のデザインを任されたのは、アメリカから来日したお雇い外国人のR・P・ブリジェンスだった。開国したばかりの日本では、鉄道がどんな役割を果たすのかが理解されておらず、日本人建築家は駅に必要な機能や設備がわからず設計することができなかった。そうした理由から、お雇い外国人に白羽の矢が立てられることになった。

赤レンガは日本の駅のシンボル

明治時代の駅は、国のシンボル的な意味も内包していた。そうした駅舎建築の設計や意匠は、日本人建築家が育ったことで次第に日本人の手によるものが増えていく。

赤レンガ駅舎として有名な日本のシンボル的存在の東京駅は辰野金吾《たつのきんご》がデザインしたことでも有名だ。辰野がデザインしたのは丸の内側のみで、八重洲口は1929（昭和4）年にようやく駅舎が竣工された。東京駅が開業したのが1914（大正3）年だから、まさに東京駅といえば赤レンガ駅舎だと言える。

東京駅の赤レンガは埼玉県深谷市で製造された。そうしたゆえんから、1996（平成8）年に深谷駅も赤レンガ風の駅舎に改築されている。

帝都の玄関機能を担う東京駅に対して。長らく北の玄関口として機能してきた上野駅は、東京駅よりも先輩格にあたる。上野駅の開業は1883（明治16）年で、設計したのは日本人建築家の三村周《みむらしゅう》だった。

明治時代の鉄道はお雇い外国人の独壇場だった。政府はお雇い外国人依存する状態を少しでも緩和させていくために、1877（明治10）年に日本人技術者の養成機関を大阪駅に設置。その卒業生が三村だった。三村は駅舎の設計のみならず、鉄道機器メーカーとして有名な日本信号を創業している。こうして鉄道業界を担う日本人技師も少しずつ現れてくる。

そんな歴史的な由緒のある上野駅は、1923（大正12）年に関東大震災で焼失。1932（昭和7）年に再建されるまでは仮駅舎として営業をしていた。

上野駅から至近の場所にある京成電鉄の博物館動物園駅は、1931（昭和6）年竣工。日本人建築家の中川俊二《なかがわしゅんじ》の手によるもの。博物館動物園駅は上野駅・京成上野駅から近いことから必要性が低く、それが理由で1997（平成9）年に休止させられている。

ターミナル駅として開業した両国駅

上野駅は日本鉄道という私鉄のターミナル駅として開業している。当時、政府は資金不足で鉄道の建設資金を捻出することができなかった。そのため、東京圏では東海道本線となる新橋駅―横浜駅間しか建設できていなかった。

一方、鉄道が開業したことでその利便性は広まり、各地で鉄道を求める声は強くなっていた。そうした声を受けて、資本家が続々と私鉄を開業させている。日本鉄道もそのひとつだが、甲武鉄道や総武鉄道といった東京を地盤とする鉄道会社が次々と産声をあげた。総武鉄道は現在の総武線を建設した私鉄で、開業当時は両国駅をターミナルとしていた。そうしたいきさつから、総武線の両国駅から東側は東京都内でありながら千葉支社の管轄になっている。

総武鉄道が都心部まで線路を延ばさず、両国駅をターミナル駅にした理由は諸説あるが、隅田川に架橋することが難しかったとも隅田川以西がすでに市街化されていて線路の建設が難しかったとも言われる。両国駅が房総方面へ向かうターミナル駅として君臨したことから、両国界隈は独自の発展を遂げ、近年まで両国駅から多くの特急列車が発着していた。現在、特急列車専用ホームとなっていた3番線は通常は閉鎖されていて、ホームすら上がることはできない。時折、運転される臨時列車用ホームとして活用されるだけとなっている。2000（平成12）年、都営大江戸線両国駅が両国駅の東側に開業した。しかし、JRの両国駅とは少し離れているために乗り換えの便はよいとは言えない。

原宿駅の駅舎は安全面から取り壊される

両国のようにターミナル駅ではなく、中間駅ながら地元民に愛されていたことから長年にわ

解体される危機に瀕している原宿駅

たって改築されず、そのために歴史的遺産になってしまった駅もある。その代表選手が都内で最も古い木造駅舎として知られる原宿駅だ。若者が闊歩する原宿は、その街の人口階層と不釣り合いとも思えるような古い駅舎を構える。1924（大正13）年に竣工した原宿駅舎は、現在、JR東日本が建て替えを発表し、その保存が議論されている。

そんな歴史的な原宿駅が改築によって解体される危機を引き起こしている原因はJR原宿駅の構造にある。原宿駅は島式ホームで一面2線の構造。山手線では目白駅と並んで狭小なホーム。目白駅の1日の乗車人員が約3・8万人（2015年度）なのに対して、原宿駅は約7・3万人（2015年度）。倍近い差がある。当然ながら、原宿駅のホームは常に混雑しており、これだとホームで電車待ちをしている利用客が線路に転落する危険性が高まっていた。そのため、2面2線の相対式ホームに改修することが検討されており、その改築のために木造駅舎が解体される可能性があるのだ。

原宿駅舎に次いで、都内で2番目に歴史のある木造駅舎は中央線の国立駅舎だった。三角屋根で地元住民から親しまれた国立駅舎は、2003（平成15）年から始まった中央線の連続立体交差事業によって、国立駅周辺の線路は高架化されることが決定。それに伴い国立駅舎は、いったん解体されることになった。解体された国立駅舎の部材は厳重に管理・保存されている。しかし、国立市にとっては復元にかかる費用負担が重要なネックとなっており、金策を講じている。

歴史的な駅舎保存は原宿駅や国立駅だけが直面する問題ではない。歴史ある街として人気が高い鎌倉の玄関となる鎌倉駅も同様だ。1889（明治22）年に大船駅―横須賀駅間で横須賀線が開通すると同時に鎌倉駅も開業したが、1916（大正5）年に横須賀線が複線化されると鎌倉駅は改築を余儀なくされる。現在の駅舎は1984（昭和59）年にとんがり屋根として親しまれた2代目駅舎を現代風にアレンジして改築したデザインとなっている。

地下化され駅舎不要となった田園調布駅

原宿駅・国立駅・鎌倉駅のように、多少はデザインが変わっても駅舎が残るケースはまだ幸せと言えるかもしれない。イギリスの田園都市を範《はん》にとって開発された田園調布駅は1923（大正12）年に完成した。駅舎には店舗が入っていたものの、晩年は駅事務所として使用されていた。不幸にも田園調布駅は地下化されることになったために駅舎を必要としなくなり、取り壊されている。現在、西口広場には駅舎が復元されているものの、あくまでも街のオブジェであり、鉄道施設としては使用されていない。

そうした名建築・歴史的建造物でもある駅舎が老朽化のために次々と喪失してしまうのは時代の趨勢と言えばそれまでだ。一方、個性的な駅舎は維持・管理面でも莫大な費用が必要となるために、鉄道会社にとっては簡単に残すという選択も取りづらい。鉄道会社にとって、駅に建築的な価値を見出すよりも、乗降場としての機能性の方が重要だからだ。

人の往来の多さはビジネスチャンスだ

しかし近年、駅の集客力がクローズアップされている。特に、首都圏では通勤・通学に鉄道を利用することは当たり前になっているから、駅は人が多く行き交う場でもある。

そうした人の往来をチャンスととらえて、駅をビジネスとして活かすことを発案したのは、阪急電鉄の総帥・小林一三《こばやしいちぞう》だった。小林の手法は瞬《また》く間に鉄道事業者に模倣された。関東でも東急が積極的に小林の手法を取り入れたが、異色な方法で模倣したのが東武鉄道の浅草駅だった。東武鉄道は駅の商業施設を併設するのではなく、百貨店の中に駅をつくってしまうという逆転の発想に出た。そのため、東武のターミナル駅となった浅草駅は百貨店の2階部分から電車が発着するという、珍しい構造になった。

　そうした駅と商業施設の融合は私鉄では積極的に進められていったが、国鉄はあくまでも公共事業体であるがゆえに利益優先の事業に進出することがはばかられた。そうした事情から、永らく国鉄の駅舎では大規模な商業施設が併設されることはなかった。

　1971（昭和46）年、国鉄は日本国有鉄道法の投資条項を改正。駅ビルの運営や管理が可能になった。1973（昭和48）年、その第一号として平塚ステーションビル「ラスカ」がオープン。これをきっかけに、国鉄の駅舎に対する意識は大きく変わるが、民営化されたＪＲが発足すると、駅ビルは鉄道を凌ぐ収益事業へと成長し、駅舎は意匠よりも機能性が重視されるようになった。

建築遺産駅あるある

- 知らない間に国立駅が改築されていた
- 若者の街、原宿の雰囲気と老朽化が進んだ駅舎のギャップに驚く
- 両国駅にある謎のホームが何のためにあるか気になる

思わず足を止めてしまう謎の構造物がある5駅

文／編集部

♛ RANKING

順位	駅名（路線名）	建造物
1位	新御茶ノ水（東京メトロ：千代田線）	巨大カレンダー
2位	中村橋（西武：池袋線）	古レールの街灯
3位	新橋（東京メトロ：銀座線）	幻のホーム
4位	表参道（東京メトロ：銀座線）	幻のホーム
5位	市ケ谷（東京メトロ：南北線）	江戸城の石垣

出所：編集部調べ

アートな側面を持つ駅

東京メトロ千代田線新御茶ノ水駅のホームへ向かうと、ある光景が目に入ってくる。それはホーム全体を使って記された巨大カレンダーだ。これは2000（平成12）年に大きな時代の変わり目を機に、当駅が「暦《こよみ》の駅」として親しまれるよう願って設置されたもの。ホームの柱にはその経緯の説明も記されている。そして、このカレンダーはただの飾りではなく、駅員が、年が変わるごとにその年1年分の曜日・祝日を合わせ、正しい日付を掲示している。月の名称と英語名が、そして反対側のホームには二十四節気が、ホーム全体にわたり、美しいガラスのモザイク画で描かれている。柱には、旧暦の月名についての解説も書かれており、そこはまるで〝小さな美術館〟だ。都心の喧騒と速い時の流れのなかで、たまには立ち止まって芸術に、日本の四季にゆっくりと触れてみるのはいかがだろうか。「モザイクで作られた暦が都会の地下深いプラットホームで一服の清涼剤になる」と謳っているように、晴れやかな気持ちが訪れる駅だ。

西武線には古レールを再利用している駅がある。そのうちの一つが、中村橋駅の街灯だ。Y字型の古レールが使用されており、街灯の下にはそのレールの輸入元や製造年月日などが書かれた解説板があるため、古レール一つひとつの歴史と鉄道遺構としての価値を知ることができる。また、これらの街灯は見事な出来栄えが評価され、2003（平成15）年「日本の鉄道・パブリック大賞」で「軌条燈（レールランプ）」として佳作を受賞している。1938（昭和58）年11月に橋上駅として供用を開始した大泉学園駅も、再利用された古レールを見られる駅の一つだ。当駅ではホームの屋根の一部となっていて、使用されている古レールは先ほどのY字型とは異なる、柱が二本で長辺方向にトラス桁を含むものだ。古レールは塗装されて

西武池袋線・中村橋駅前の街灯

いるが、刻印を発見できるのでぜひ自分の目でその歴史を確認していただきたい。

古レールの再利用は1930年代に入るまで、各地の鉄道で行われていた。レールは耐久性があり腐食しにくいため、本来の役割を終えても、ホームの屋根を支える柱などといった建築資材として、十分に再利用できる。しかし再利用には手間とコストがかかるため、今日、建築資材として用いられることはない。西武鉄道沿線においても、駅舎の改築時に撤去することがほとんどで、目にすることができるのは稀《まれ》だ。つまり古レールは、鉄道遺産としての価値も芸術的な価値も持ち合わせた、貴重な産物であると言えよう。

駅で首都圏の歴史を感じる

「幻のホーム」が表参道駅に存在する。それがあるのは、なんと現在使われている表参道駅のホームの奥。昭和時代、銀座線表参道駅が千代田線表参道駅と統合されるまで使用されていた旧表参道駅のホームだ。工事上の都合から旧ホームはそのままの形で残されたのであった。

立ち入り禁止となってはいるが、現在の表参道駅のホームの奥にあるので眺めることも可能だ。今日では機器類の保管場所などに利用されている。また2012(平成24)年には、映画『プロメテウス』のプロモーションを行なうべく、期間限定で巨大オブジェが設置されるなど、広告の場としても利用されている。

1989（昭和61）年から開始された東京メトロ南北線の建設。建設予定地は、かつての江戸の中心地を縦断するため、工事に先立ち文化財発掘調査が行われた。調査を行ってみると、東大前付近では味噌などを製造するための地下の麹室《こうじむろ》、永田町駅付近では文政の大火で焼けた陶磁器や瓦など、多くの遺物が発見された。

この調査のなかでも特に大規模な遺物が発掘されたのは、飯田橋駅付近で見つかった、江戸城の石垣だ。伊豆付近から運ばれたといわれている石垣は、392個の石が17段で積まれている。現在この石垣は、江戸時代初期の「打ち込みハギ」と呼ばれる技法で、南北線市ヶ谷駅構内にある「江戸歴史散歩コーナー」に積まれ、展示されている。また石垣のほかにも、江戸時代の風景画が展示されていたり、床には古地図が描かれていたりと、歴史探検できる場所となっている。

謎の構造物　あるある

▼ **新御茶ノ水駅のカレンダーを見て1年の速さを痛感する**

▼ **市ケ谷駅で突如現れる江戸城の石垣に歴史ロマンを感じる**

▼ **駅のホームでの古レールの発見に心が躍る、水道橋駅**

駅名由来の不思議な駅

あの駅名にはこんな秘密があった

文／小川裕夫

♛ RANKING

順位	駅名（路線名）	由来
1位	舞浜（JR：京葉線）	マイアミビーチ
2位	大泉学園（西武：池袋線）	大学誘致
3位	三河島（JR常磐線）	イメージ払拭
4位	溜池山王（東京メトロ：銀座線他）	江戸城の外濠
5位	ときわ台（東武：東上線）	高級住宅街計画

出所：筆者調べ

いまや日本のテーマパークを代表する存在にもなっている東京ディズニーランドは、京葉線舞浜駅から広がっている。京葉線の沿線は、ほとんどが埋立地。東京ディズニーランドが開園した1983（昭和58）年、まだ京葉線は開通していなかった。舞浜駅が開業したのは、1988（昭和63）年になってからだ。

京葉線の沿線の多くは埋立地のため、もともとの地名がない。東京ディズニーランドが立地する舞浜も、もともとは海でしかなかった。現在、舞浜駅から「浜」を望むことはできないが、埋め立て完了後、同地はアメリカのマイアミビーチにちなみ「マイ」を舞、「ビーチ」を浜に変換し、舞浜という地名が生み出だされた。だが、東京ディズニーランドが日本屈指のテーマパークに成長し、開園から30年以上も経過した今、そうした歴史は過去のモノになりつつある。

由来などが忘れられつつある駅名

西武池袋線の大泉学園駅も開発経緯から「学園」の名前が付された。もともと、同地は西武鉄道のドン・堤康《つつみやす》次郎《じろう》が悲願としていた〝大学町〟を造成するために開発が進められた。大学をつくり、電車に乗って学生がそこに通う。そうしたライフスタイルを生み出そうと考えた堤は、駅名を大泉学園と名づけた。当然ながら同地には大学が誘致されることになっていたが、残念なことに大学は誘致されることなく、現在に至っている。

ちなみに、堤の大学町実現への執念は、ほかの鉄道経営者をはるかに凌ぐものがあった。そのため、大泉学園に大学を誘致できないまま、次の大学町である小平学園の開発に取りかかっている。小平学園（現・一橋学園駅）でも大学の誘致は不調に終っている。それでも堤は大学町を実現することにこだわり、自社の沿線ではない国立でようやく一橋大学の誘致することに成功した。国立は国分寺と立川の中間に位置することから合成された地名だが、そうした歴史も今では忘れられつつある。

イメージアップのための改名

過去の悲惨な事件は住民の記憶からは忘れられがちだが、時にそうした事件が地名を抹殺してしまうケースもある。常磐線日暮里駅の隣に位置する三河島《みかわしま》駅は、上野駅からも10分足らずでアクセスできる。上野東京ラインが開業してからは東京駅・品川駅にも乗り入れるようになり、利便性は格段に向上した。そんなアクセス至便な三河島駅だが、周辺の地名は「荒川」となっている。実は昭和30年代まで、この一帯は三河島町と呼ばれていた。荒川区には三河島水再生センターという下水処理施設があり、これは明治期に建設された日本初の近代的下水処理施設でもある。三河島は明治から日本の近代化をリードしてきた土地でもあった。日本の近代史に輝かしい足跡を残した三河島という地名が、今は残っていない。

三河島が消えてしまった理由は、1962（昭和37）年に三河島駅で起きた列車脱線多重衝突事故が原因だと言われている。同事故は死者160人を出す国鉄史にも残る黒歴史でもある。当時、東京オリンピックを控えて、東京の地名を簡潔に整理する作業が進められていた。そんな折に三河島事故が起きたため、悲惨な事故を連想させる三河島という地名は、それを理由に抹殺されたと言われている。鉄道事故によって地名は抹殺されたにもかかわらず、事故に大きく関与する鉄道施設の駅の名称の方がそのまま残っているとは、なんとも皮肉としか言いようがない。

事故関連ではないが、地名から連想されるイメージがよくないことから駅名が改称された例としては、東武鉄道の東向島《ひがしむこうじま》駅がある。東向島駅は東武鉄道の車両などが展示されている東武博物館を併設している重要な駅だが、１９８７（昭和62）年までは玉ノ井駅を名乗っていた。玉の井は永井荷風の小説『墨東綺譚《ぼくとうきたん》』でも知られる赤線地帯だったエリアで、１９８７年当時はもちろん赤線は存在しない。40年も前に廃止された赤線地帯の名前を背負っていることでイメージが悪化するとは思えないが、突如として東向島駅に改称された。

由来となったものがなくなっても残る駅名

駅名の由来になっているものが歴史を経て消失することで駅名が改称することや、逆に駅名が背負っている歴史のイメージを払拭するために駅名を改称してしまうケースはあちこちにあるが、駅名の由来になっているものが消失してもなお生き続ける駅名もある。首相官邸のすぐそばにある溜池山王《ためいけさんのう》駅もその一つ。もともと南北線の計画段階で、同駅は「溜池」駅とされていたが、開業の段になって「溜池山王」駅となった。

駅名の由来になった溜池は、同地にあった湧水池で江戸城の外濠を形成していた。現在も近隣には江戸城の外濠・弁慶堀が残されているものの、溜池山王付近は上空に高速道路が建設されていて、江戸時代の面影は乏しい。また、溜池山王駅は銀座線・南北線の駅だが、駅構内で丸ノ内線・千代田線の国会議事堂前駅とつながっているために同一駅として使われている。

駅名の裏に開発の失敗が隠れている

東武東上線といえば、東京23区を走る私鉄の中でも比較的路線価が低いことで知られる。実際、東上線の家賃相場は低く、そのために一人暮らしの学生などが目立つ。東上線の路線価が低いというイメージは高度経済成長期からバブル期にかけて醸成されたものだが、戦前期は東武がときわ台一帯を高級住宅街に造成しようと計画していた。

東武は内務省（現・総務省）に協力を仰いで都市計画を策定。一部は実現し、戦後70年を経た今でもその面影が各所に残っている。高級住宅街として造成される計画だった一帯は「常盤台」と漢字だが、駅名は「ときわ台」とひらがなになり、そうしたひらがな化した駅名も歴史をかすみがちにさせる。同地の一部は今でも高級住宅街然としているものの、東上線を高級化するまでには至らなかった。

ときわ台駅と同じく、高級住宅街の造成を挑んだのが小田急江ノ島線の東林間駅・中央林間駅・南林間駅だった。当時、田園調布といった高級住宅街が私鉄沿線につくられており、私鉄のブランドイメージ創出に一役買っていた。

小田急も高級住宅街の建設を計画し、それが林間都市計画だった。小田急の東林間駅・中央林間駅・南林間駅3駅は、どれも当初は「中央林間都市」のように駅名に「都市」がつけられていた。

しかし、当時としては都心部からあまりにも距離が離れていたことから宅地造成をしても買い手がつかずに、林間都市計画は失敗。1941（昭和16）年には、3駅ともに駅名から都市をはずしている。高級住宅街の開発に失敗した林間都市3駅だが、高度経済成長期に東京の人口は爆発的に増加し、続々と郊外に住宅が建設されるようになると林間都市3駅周辺の様相も一変。1984（昭和59）年には東急電鉄の田園都市線が中央林間駅に乗り入れるようになり、ベッドタウン化・人口増に拍車がかかった。

駅名由来あるある

▼近くにあるのは神田川なのに、江戸川橋駅

▼大泉学園という学校があるのかと思っていた

▼たまプラザではなくて、たまプラーザ駅

駅名と地名がリンクしない駅

リンクしない駅名はその地域の歴史でもある

文／小林拓矢

♛ RANKING

順位	駅名（路線名）	所在地
1位	学芸大学（東急：東横線）	東京都目黒区
2位	目黒（JR：山手線）	東京都品川区
3位	品川（JR：山手線）	東京都港区
4位	三鷹（JR：中央線）	東京都武蔵野市
5位	津田沼（JR：総武線）	千葉県習志野市

出所：筆者調べ

東急東横線に、「学芸大学」と「都立大学」という駅がある。「学芸大学」とは、東京学芸大学のことだ。

1936年、現在の学芸大学付近に東京府青山師範学校が青山から移転。のちに東京第一師範学校男子部になり、東京学芸大学東京第一師範学校として、学芸大学付近は東京学芸大学の分教場となっていった。1964年に同大学が小金井に移転・統合することになり、この地に別の場所にあった附属高校がつくられた。駅名も、開業時の名称である碑文谷《ひもんや》駅から青山師範《あおやましはん》駅、第一師範《だいいちしはん》駅、学芸大学駅へと改称を続けた。この駅は目黒区の鷹番《たかばん》にある。どんな駅名がこの駅にふさわしいか、議論がまきおこってもいいのかもしれない。しかし、「学芸大学」という名前は地域の俗称ともなっている。そのため、東京学芸大学が小金井に移転しても、小金井の地域に「学芸大学」を譲らず、駅名を変えなかったのは正解かもしれない。

一方、「都立大学」は、旧制の府立高校を母体として発足した東京都立大学（現在の首都大学東京）のことで、1991年に八王子市の南大沢に移転した。それでも、都立大学の駅名は変わらなかった。地域名として根ざしているからだ。なお都立大学附属高校はこの地に残り、いまは都立桜修館中等教育学校となっている。この駅も、以前は実態にあわせて名前を変え続けた。最初は柿の木坂駅、次に府立高等前駅となり、府立高等駅、都立高校駅（なお戦前なので旧制高校）、戦後に都立大学駅となった。

その区にはない駅名も多い

駅名と地名が一致しない駅がある。例えば、目黒駅は目黒区ではなく、品川区上大崎にある。しかし、目黒といえば落語「目黒のさんま」にちなんだ、さんまに関するイベントが目黒駅周辺で行われる。品川区上大崎の「目黒のさんま祭り」は、誕生八幡神社で。目黒区目黒のSUNまつりは、田道広場公園で。どちらでも落語「目黒のさんま」が演じられる。品川区では岩手県宮古産、目黒区では宮城県気仙沼産のさんまを食べることができる。どちらのイベントも、無料でさんまが食べられる。こうしたイベントがふたつに分かれて行われるのも、目黒駅が目黒区にないことの副産物であるかもしれない。

京浜急行線のターミナルであり、ＪＲの城南地域の拠点駅でもある品川駅も、品川区にはなく、港区にある。港区高輪および港南に位置する。品川駅から京浜急行で南へ進むと北品川駅という駅があり、実はこの駅は当初は品川駅として開業している。この北品川駅は、品川区にある。「北品川」とは、旧品川宿の北の端にあるということで名付けられた。もともとはいまよりも北側にあったという。１９２５年に北品川駅に改称。東京市電との乗り入れを行ったり、それを解消したりという経緯があり、１９３３年にいまの品川駅に乗り入れることになった。

駅をまたぐと市が変わる

最後に、駅の南北で市が違う、三鷹駅を紹介したい。ＪＲ中央線の三鷹駅は、南側が三鷹市、北側が武蔵野市となっている。しかも市の境目が三鷹駅の下を斜めに通っており、場所によっては北口、あるいは南口に出て別の市を通って自宅にある市へと向かうというルートで帰る人もいる。市境は、玉川上水となっている。北口に降り立つと、なんで三鷹なのに武蔵野市？　と思う人も多いかもしれない。商業施設などは南側が充実しており、北側の武蔵野市の住民は、南側の三鷹市の商業施設を利用するために駅の南北自由通路を歩いて渡るということが多くある。なお、三鷹市の市役所は駅近くではなく、三鷹市南部の、調布市との市境にある。境界の街・三鷹は、役所までもが境界にあるのだ。

この他にも、津田沼駅のように、駅の一部が習志野市と船橋市にまたがり、「津田沼」として一つの街として扱われながら、行政区としては別々の場合もある。「津田沼市」という市はなく、あくまで「津田沼」という一つの地域名である。習志野市ができる以前、このあたりは津田沼町という行政区域だった。その行政区域をもとに、「津田沼」という地域名は生まれた。境目にあると、駅名と地名、その他がリンクしないということは往々にして起こるのだ。

リンクしない駅名 \あるある/

▼目黒のさんま祭りではすだち、目黒のSUNまつりではカボスを使用

▼品川駅から南に進んだのに北品川駅に到着

▼ジブリ美術館へは三鷹駅より吉祥寺駅から行くほうが楽しい

読めそうで読めない？
首都圏にもある難読駅名

文／小林拓矢

♛ RANKING

順位	駅名（路線名）	読み
1位	飯山満（東葉高速鉄道：東葉高速線）	はさま
2位	荏原町（東急：大井町線）	えばらまち
3位	芦花公園（京王：京王線）	ろかこうえん
4位	狛江（小田急：小田原線）	こまえ
5位	尻手（JR：南武線）	しって

出所：筆者調べ

地名や人名の読みに難しいものがあるのと同様、駅名にも読み方が難しいものがある。地方に行くと、それは顕著だ。北海道のアイヌ語由来の駅名や、東北の「及位《のぞき》」「驫木《とどろき》」など、知らないとわからない駅名は多くある。

東京周辺でさえも実は同じだ。東葉高速線に「飯山満」という駅がある。読み方は「はさま」である。千葉県船橋市の飯山満町にあるため、「飯山満」と名付けられた。地名自体が、難読である。地名は「はさまれた地域」であることを意味し、それに文字が当てられた。

もともとこの地域は、田んぼが深く、谷あいの場所であり、高低差が激しい。地名としては「はざま」とにごって読む人もいる。同駅は1996年4月に開業し、現在の乗降人員数は1・7万人（2015年度）となっている。

よく耳にしているので、読み方を知っている駅名

同じ千葉県には、常磐線に「我孫子」という駅もあり、「あびこ」と読める人は多いと思う。しかし、車内放送などで連呼されるような駅名だから読めるのであり、それがなければ読めるかというと、ちょっとむずかしい。

もともと我孫子は、宿場町だった。宿場の名前が町の名前になり、市になった。そしてその名前を駅名でも採用した。1896年に開業した我孫子駅は、郊外化の進展によって発展し、大正時代には白樺派の文豪が多く移り住み、別荘地帯にもなっていた。現在の乗降人員は6万人（2015年度）。1971年には千代田線直通の緩行線が複々線として完成している。

また、山手線の駅も、多くの人がよく乗るため、難読駅名だと気づかない場合が多い。たとえば「日暮里《にっぽり》」だ。「ひぐれさと」ではない。その隣には「西日暮里」もある。

もともと日暮里は、「新堀《にいぼり》」という地名だった。江戸時代に「一日中過ごしてもあきない里」

ということで「日暮里」の字が当てられた。当て字ゆえに読みにくいのだ。多くの人に利用され、今日では山手線の駅として、お馴染みの駅。そのため、本来では難読駅名だったものが、もはや難読駅名ではなくなっている。

乗降人員数の少なさは難読駅につながる

東急大井町線、荏原町《えばらまち》駅は、開業時、東京府荏原郡に立地していたことからその名がついた。しかし現在この地域は東京都品川区となっており、地名が由来となったと知る人は少ない。また、乗降人員数も1・6万人（2015年度）であることから、大衆に馴染みがある駅とは言い難く、難読駅の王道と言っていいだろう。

また、同様に京王線の芦花公園《ろかこうえん》駅も、乗降人員数は1・4万人（2015年度）と少ないので、馴染みがある人が少なく、難読駅となっている。この駅の由来は小説家の徳冨蘆花《とくとみろか》の旧邸宅、蘆花恒春園が近くにあることからこの名がつけられた。しかし、「芦」の文字が違うので、そこが由来とは一目ではわからない。

駅名からかつての情景をおもう

東京周辺には、鳥の名前を冠した駅名がときどき見られる。西武新宿線の「鷺ノ宮《さぎのみや》」は、神社にさぎが多く住んでいたことから「鷺宮」という地名がつき、そこから駅名になった。東急田園都市線の「鷺沼《さぎぬま》」は、この地にあった「鷺沼耕地」という小字《こあざ》に由来する。丘陵地が侵食されてできた、谷の土地である。やはりサギが多く飛んでいたのだろう。かつての東京圏には、鳥が多く飛ぶ、自然の豊かさがあった。難読駅名には、地理的な状況を加味したものが多い。戦前、あるいは高度成長以前の東京周辺の雰囲気を、駅名から感じることができる。

難読駅名 あるある

▼飯山満が「いいやまみつる」にしか読めない

▼鷺ノ宮《さぎのみや》駅、鷲宮《わしのみや》駅。読めるけど意外に書けない

▼京急の新馬場駅は「ばんば」。高田馬場駅は「ばば」

都内地下鉄からその不思議を探る
利用者の少ない不思議な駅

文／佐藤 充

♛ RANKING

順位	駅名（路線名）	乗降人員（人）
1位	西ケ原 （東京メトロ：南北線）	7,745
2位	国立競技場 （都営：大江戸線）	9,512
3位	新高島平 （都営：三田線）	9,613
4位	桜田門 （東京メトロ：有楽町線）	13,742
5位	高輪台 （都営：浅草線）	14,087
6位	稲荷町 （東京メトロ：銀座線）	15,257
7位	雑司が谷 （東京メトロ：副都心線）	16,687
8位	中野富士見町 （東京メトロ：丸ノ内線）	18,167
9位	浜町 （都営：新宿線）	21,383
10位	落合 （東京メトロ：東西線）	24,263

出所：各社HPより、筆者調べ

混雑率が日本一の東京メトロ東西線では、朝ラッシュ時、西船橋（千葉県）から中野方面に向かう電車の混雑が凄まじい。葛西駅、西葛西駅で立っているのも困難になり、その混雑は5つ先の茅場町駅まで続くのだ。この区間はダイヤ上も13分と長いが、ラッシュで電車が遅れるため実際はもっと長い。葛西駅、西葛西駅の乗降人員数は年間で約3600万人(2015年度、以下も同じ）だが、南砂町駅は約2200万人、木場駅は約2700万人しかない。両駅の間にある東陽町駅は約4300万人なので、その5割から6割しかないのだ。

それでも南砂町駅や木場駅は乗降客数が年々増えており、その存在価値は低くない。それでは、各路線でもっとも存在価値が疑われる駅、言い換えれば、もっとも乗降人員数の少ない駅はどこだろうか。

この調査は、郊外に延びる路線で行っても面白みに欠けるため、東京の地下鉄（東京メトロと都営地下鉄）に絞ることにした。また、この調査にあたっては注意すべきことがある。統計上、都営地下鉄の乗降客数には同社線からの乗換客数が含まれるが、東京メトロの場合には含まれない。知りたいのは、「もっとも存在価値が疑われる駅」なので、東京メトロの場合、単純に乗降客数で評価しては意味がない。その点を考慮したうえで全13路線で利用客がもっとも少ない駅を選び出し、さらに、その中でもワースト10に絞ったのが今回のランキングである。

区画整理がされていないエリア

東京の地下鉄（東京メトロ・都営地下鉄）でもっとも乗降人員数が少ない駅は、南北線の西ケ原駅（1日平均7700人程度）である。西ケ原駅は国立印刷局の東京工場と隣接し、南に行けば旧古河庭園もある。辺鄙なところではなく、むしろ由緒ある場所だ。

一方、広大な工場や公園があるだけに人口密度は薄まり、JR京浜東北線の上中里駅も近いので利用者が分散する。さらに西側（国立印刷局東京工場の反対側）は区画整理がされておらず、低い建物が密集する。車が入れない道や、車と歩行者がすれ違えない道など、非常に細い道が無秩序に入り組んでおり、一歩足を踏み入れると、そこは迷路である。

西ヶ原駅周辺だけでなく、区画整理が行われず、建物が密集しているエリアは都内に多い。東西線でもっとも乗降人員数が少ない落合駅は、山手通りと早稲田通りが交差する要所にあるが、路地に入れば西ケ原駅周辺と同じで、住宅が密集し、冬になると日も差し込みにくく、暗く沈んだ雰囲気である。新宿に近くて便利な場所だが、お世辞にも住みよい場所とは言い難い。そのうえ、近くに東中野駅（JR）、中井駅（大江戸線、西武新宿線）があるため、利用者が分散するのだ。それでも、乗降人員数は一日平均2・4万人もあるので、立派な数字だろう。

落合駅をはじめとして、中野区には建物が密集しているエリアが多く、利用者が少ない駅が散見される（落合駅の住所は新宿区だが、中野区との区境にある）。そのうちの一つが、丸ノ内線のワースト1位である中野富士見町駅だ。

中野富士見町駅のあたりは、東西を流れる神田川によって土地が削られて、南北方向の坂がきつい。駅の南は「南台」で、北は「十貫坂上」なので、地名からも坂が多いのがわかるだろう。はっきり言って生活するには不便な場所だ。ちなみに、「神田川」といえば昭和の歌謡曲だが、この辺は2005年に氾濫しており、感傷に浸っている場合ではない。悪いことばかりではなく、環状七号線と山手通り（環状六号線）の間を走る中野通り沿いにあり、中野駅、新宿駅に向かうバス便が多く、交通の便は良いところだ。これは落合駅と共通する特徴だが、逆に言えば、バスに乗客を奪われている面もある。

中野富士見町駅は、中野坂上駅から分岐する方南町支線の駅である。方南町支線は3両編成の電車で運転されているが、車両基地につながるルートのため、車両基地から出区する電車は中野富士見町駅が始発になる。丸ノ内線の本線を走る6両編成の電車も当駅が始発になるため、地元の人にとっては、利用客が少ないうえに、確実に座って通勤できる穴場の駅なのだ。

近隣の駅に利用客を奪われる

近隣に大きな駅がある場所や、多数の駅が集まる場所では、当然ながら利用者は減ってしまう。それが顕著に表れている駅を挙げてみよう。

銀座線は、昭和2年に浅草～上野が開業した日本最古の地下鉄だが、その区間にある稲荷町駅は、銀座線でもっとも乗降人員数が少なく、1日の平均乗降人員数は1・5万人ほどだ。

この辺は「仏壇通り」と呼ばれるほど仏具・仏壇を売る店が多く、周りには小さな寺社が多い。

そういう街だけに、そもそも駅を利用する人は多くない。そのうえ、駅周辺の問題だけでなく、上野駅に近すぎるのが難点だ。銀座線の上野駅は不忍池の近くなので多少距離があるが、日比谷線の上野駅とJR上野駅（浅草口）からは、わずか400mほどしか離れていない。

「桜田門」といえば警視庁の俗称として知られているが、桜田門駅は有楽町線の中でもっとも乗降人員数が少なく、1日平均1・4万人ほどしかない。

桜田門駅は官庁街にあり、皇居のお堀に面しており、日本の中枢にあると言える。しかし、駅の北側がお堀と皇居なので、利用客は南側に限られる。また、南へ約300m行くと霞ケ関駅があり、利用者が少なくて当然である。

「桜田門」よりも知名度のある名を持ちながら、さらに乗降人員数の少ない駅がある。それが、1日の乗降人員数の平均が9500人ほどしかない大江戸線の国立競技場駅である。

新国立競技場の建設は東京オリンピックに向けて注目されたが、解体される前の国立競技場も5万人を収容する巨大施設で有名だった。

国立競技場でイベントが行われると、大勢の人が移動するため周辺は大変な混雑になるが、JR中央・総武緩行線が近くを走り、新宿方面へは千駄ケ谷駅、秋葉原方面へは信濃町駅が便利で、何より大江戸線の国立競技場駅が最寄り駅として利用できる。

そんな国立競技場駅だが、千駄ケ谷駅や信濃町駅に比べると驚くほど利用者が少ない。大きなイベントのときに相当な覚悟をもって行っても、拍子抜けするほど空いていたりするのだ。国立競技場駅は新宿駅まで2駅なので便利だが、大江戸線のルートは東京の人にとってもイメージしにくい。ＪＲが広いネットワークを持っていることもあり、利用客を奪われるのだ。

副都心線でもっとも乗降人員数が少ないのは、千川駅（1日平均1・6万人程度）だが、この駅は有楽町線も走っており、有楽町線と合計すれば最下位から脱出し、代わりに雑司が谷駅（1日平均1・7万人程度）が最下位になる。

雑司が谷駅は目白駅まで約900ｍの距離で、その間には学習院大学がある。目白駅は、池袋駅や新宿駅から近く、しかも「学習院といえば目白」というブランド的な結びつきもあり、さらに副都心線は山手線と並行しているため、学習院大学の学生にとっては雑司ヶ谷駅のありがたみは薄い。

学習院大学は敷地が広く、附属中学・高校なども同じキャンパスなので、この学生たちを取り込めないと雑司が谷駅の存在価値は下がる。一方、日本女子大学の目白キャンパスは目白駅から20分近くも離れており、雑司が谷駅はありがたい存在だ。ただ、学習院大学と比べると規模が小さいのが残念である。

需要が乏しいところにある駅

そもそも、地理的な立地条件が悪ければ、乗降人員数が少ないのは当然である。

新宿線で乗降人員数がもっとも少ないのは、浜町駅(1日平均2・1万人ほど)である。浜町駅は、伝統ある劇場、明治座の最寄り駅なので欠かせない存在だが、浜町公園の下にあり、隅田川の西岸にある。つまり、駅の東方面は公園と大きな川しかなく、利用客が多いわけがない。そのうえ、近くには東日本橋駅(浅草線)、人形町駅(浅草線)、馬喰横山駅(新宿線)、水天宮前駅(半蔵門線)があるため、利用客が奪われてしまう。

三田線のワースト1位は新高島平駅(1日平均9600人ほど)である。有名な高島平団地に隣接するが、団地の真ん中には高島平駅があって、新高島平駅は団地の西端に位置する。駅の北側は東京都中央卸売市場板橋市場をはじめ、物流センター、流通センターが広がり、電車利用者は限られる。

それに追い打ちをかけるのが三田線のダイヤだ。高島平駅始発・終点の電車があるため、新高島平駅、西高島平駅では列車本数が減ってしまうのだ。新高島平駅から高島平駅までは約800mと遠くなく、しかも高島平エリアは荒川流域の平坦な土地なので、足を延ばしてでも高島平駅を利用したくなる。ちなみに、高島平駅の乗降人員数は新高島平駅の3倍にもなる。

浅草線の高輪台駅は、立地している場所はすごいが、乗降人員数は同線ワースト1位の1日平均1・4万人程度である。高輪台駅と品川駅の間には、かつて旧皇族の敷地だったプリンスホテルがあるが、敷地が広いだけに人口密度は低い。しかも、高輪台駅はプリンスホテルの裏手にあたり、乗降人員数の点ではマイナス要因でしかない。また、五反田駅も近いため、高輪台駅への人の流れは少ない。

利用者は少ないが、「浅草線」という東京下町の庶民的なイメージが強い路線にあって、「高輪台」だけが上流階級を連想させる駅だ。この先にある戸越、中延、馬込の住民にとっても、そういう意味で高輪台の存在は貴重である。

利用者の少ない駅
＼あるある／

▼稲荷町など乗降人員の少ない駅、となりの駅は乗降人数が多い
▼高層住宅が建たない住宅密集地の駅は意外と乗降人員が少ない
▼浜町、人形町、水天宮……都心には駅が多すぎるエリアがある

当たり前のようにあると思っていた
ファストフード店がない駅

文／鈴木弘毅

♛ RANKING

順位	駅名（路線名）	乗降人員（人）
1位	霞ケ関（東京メトロ：丸ノ内線他）	146,162
2位	竹橋（東京メトロ：東西線）	50,066
3位	乃木坂（東京メトロ：千代田線）	40,309
4位	代官山（東急：東横線）	32,420
5位	辰巳（東京メトロ：有楽町線）	29,474
6位	馬込（都営：浅草線）	25,630
7位	白金台（都営：三田線他）	17,405
8位	上中里（JR：京浜東北線）	14,818
9位	四ツ木（京成：押上線）	14,737
10位	桜田門（東京メトロ：有楽町線）	14,082
11位	西高島平（都営：三田線）	12,498
12位	八広（京成：押上線）	10,947
13位	越中島（JR：京葉線）	10,056
14位	新高島平（都営：三田線）	9.738
15位	北池袋（東武：東上線）	9,489
16位	北品川（京急：京急本線）	9,264
17位	西ケ原（東京メトロ：南北線）	8,105
18位	小菅（東武：伊勢崎線）	5,677
19位	堀切（東武：伊勢崎線）	4,202
20位	南新宿（小田急：小田原線）	3,815

出所：各社HPより、編集部作成

ファストフード店が一切ない駅もあるのではないか。そう考えて調べてみたところ、意外と多くの駅が該当することが分かった。本項目では「意外性」という観点にも重きを置き、調査対象を東京23区内のＪＲ・地下鉄・大手私鉄の駅に絞っている。

都心近くなのに意外と乗降者数が少ない駅

売価の安いファストフードは、薄利多売が基本のため、多くの客数が見込める場所に出店する。駅前という好立地でも、駅自体の利用者数が少なければファストフード店は経営が成り立たない。

東京23区内のＪＲ駅で乗降者数が少ないのは、京葉線・越中島駅、京浜東北線・上中里駅。どちらの駅にも、ファストフード店はない。また、地下鉄でもっとも乗降者数が少ない東京メトロ南北線・西ケ原駅にも、ファストフード店はなかった。上中里駅と西ケ原駅は、徒歩5分ほどで行き来できる位置関係にある。狭い範囲内に異なる駅が併存することで乗客が分散し、各駅の乗降者数が少なくなっていると考えられる。

徒歩10分で、マンモス駅に着くこぢんまりとした駅

東武東上線・北池袋駅、小田急線・南新宿駅、京浜急行線・北品川駅。この3駅にも、ファストフード店がない。いずれの駅も、大手私鉄の始発駅の隣。しかも、始発駅との駅間距離がわり

と短い。10分も歩けば、それぞれ池袋駅・新宿駅・品川駅にたどり着く。これらの駅周辺の住民は、たいていの用事を隣のマンモス駅で済ませることができるわけだ。だから、地元の駅にファストフード店がなくても、特に不便ではない。だから3駅とも、マンモス駅のすぐ近くとは思えないほど閑静な街並みに包まれている。

人よりもトラックの方が多い「コンテナ街道」沿いの駅

乗用車が多く走る街道なら、ドライブスルーの需要がある。しかし、大型トラックはドライブスルーを利用できない。すなわち、大型トラックが多く走る街道沿いにある駅には、ファストフード店が出店しにくいであろうとの仮説が立てられる。

この観点で調査してみたところ、高島通り沿いに立地し、すぐ近くに巨大なトラックターミナルがある都営地下鉄三田線・西高島平駅と新高島平駅、国道1号線と環状7号線が交わるジャンクション地点にある都営地下鉄浅草線・馬込駅にもファストフード店がなかった。

さらに、湾岸道路沿いにある東京メトロ有楽町線・辰巳《たつみ》駅も、ファストフード店がない駅に該当した。大型トラックがバンバン走る「コンテナ街道」沿線には、ファストフード店は根付きにくいようである。

市街地が広がらない川っぺりの駅

今回の調査で最も驚いたのが、東武伊勢崎線・堀切駅の周辺にはファストフードどころか飲食店自体ほとんどないということだった。西口を出たすぐ脇に、ラーメン店があるだけ。地図をよく見ると、その謎はすぐに解けた。堀切駅は、東に荒川、西に隅田川、南に旧綾瀬川が流れ、3方向を川に遮られたどん詰まりの立地だったのだ。北側には東京未来大学を隔てて住宅密集地が広がっているが、そのすぐ先に隣駅の牛田《うしだ》駅がある。駅間距離は、わずか600mほど。つまり、堀切駅が最寄りとなるエリアが極端に狭いのだ。このように、川っぺりに位置する駅は市街地が広がる余地が少なく、ファストフード店も進出しにくいと言える。

東武伊勢崎線・堀切駅

堀切駅の北、荒川を渡った先にある東武伊勢崎線・小菅《こすげ》駅や、荒川を挟んで対峙する京成押上線・四ツ木《よつぎ》駅と八広《やひろ》駅にも、ファストフード店はなかった。四ツ木駅も八広駅も、駅前にはそれなりに賑やかな商店街がある。にもかかわらずファストフード店がないのは、やはり川があることで市街地が広がらず、出店する余地が生まれにくいためだと考えるのが妥当なのではないだろうか。

ファストフード不要のセレブな街にある駅

東急東横線・代官山駅は、始発駅の渋谷からひと駅。先に紹介した「徒歩10分でマンモス駅」にも該当する立地だ。しかし、代官山駅にファストフード店がない理由は、別なところにありそうだ。すなわち、このセレブな街にファストフード店があっても、近隣住民はほとんど利用しないだろうということだ。実際に街を歩いてみると痛いほどに感じるのだが、飲食店に限らず、チェーン店に特有の派手な看板がほとんど見当たらない。

同じ理由で、都営地下鉄三田線と東京メトロ南北線が併用する白金台駅、東京メトロ千代田線・乃木坂駅にもファストフード店がない。ファストフード店がこれらの街に進出するのなら、街並みに溶け込むような工夫が必要になるだろう。

民間の進出が難しい官庁街

最後に、都心部の盲点を。国の行政の中心地、東京メトロの3路線が乗り入れている霞ケ関駅に、ファストフード店がなかった。霞ケ関駅周辺は、各省庁の建物が並ぶ官庁街。ファストフード店のみならず、民間企業の進出が難しいエリアだ。民間の建物と言えば、C４出口に直結している飯野ビルの地下には飲食店街が形成されているが、ファストフード店は入店していない。近隣にはコンビニも少なく、各省庁に勤める人々は不自由しているのではないかと感じる。しかし実際には各省庁内に食堂や売店などが何でも揃っているから、不自由はない。

もっと極端なのが、皇居内堀端の東京メトロ有楽町線・桜田門駅だ。警視庁の最寄り駅として知られるこちらも、官庁街。加えて、北側は皇居なので、「川っぺりの駅」に通じる要素もある。乗降者数も、東京メトロの駅としてはワースト3位。都心部にありながら、「ファストフード店が出店しない要素」が多い駅なのだ。皇居の北側に位置する竹橋駅も同じ条件下にある。霞ケ関や桜田門に比べれば民間のビルが多いのだけれど、東側に気象庁や東京消防庁などがあり、南側が皇居で市街地が広がらない立地。1b出口に直結しているパレスサイドビル内に発達した飲食店街が形成されているものの、ファストフード店は入店していなかった。

ファストフードのない駅 あるある

- 白金台にあるドンキはその名も「プラチナ　ドン・キホーテ」
- 堀切駅は「金八先生」のロケ地
- 霞ケ関駅を利用する日はくるのだろうか、と思う

「イス取り合戦」を勝ち抜くためには

通勤時に意外と座れる駅

文／編集部

♛ RANKING

順位	駅名（路線名）	ポイント
1位	長津田（東急：田園都市線）	44
2位	妙典（東京メトロ：東西線）	42
3位	清瀬（東京メトロ：有楽町線）	41
4位	向ヶ丘遊園（小田急：小田原線）	37
5位	神奈川新町（京急：本線）	35
5位	菊名（東急：東横線）	35
5位	和光市（東京メトロ：有楽町線）	35
8位	保谷（東京メトロ：有楽町線）	34
9位	中野（東京メトロ：東西線）	33
10位	鷺沼（東急：田園都市線）	29
11位	清澄白河（東京メトロ：半蔵門線）	28
11位	押上（東京メトロ：半蔵門線）	28
13位	南千住（東京メトロ：日比谷線）	27
13位	北千住（東京メトロ：日比谷線）	27
13位	西船橋（東京メトロ：東西線）	27
16位	中目黒（東京メトロ：日比谷線）	26
16位	綾瀬（東京メトロ：千代田線）	26
18位	代々木上原（東京メトロ：千代田線）	25
19位	石神井公園（東京メトロ：有楽町線）	22
19位	武蔵小杉（東急：東横線）	22

出所：2013年度、鉄道統計年報、2017年鉄道各社HP、2017年ホームズHPより編集部作成

日々疲れたビジネスパーソンにとって、「朝座って通勤できる」ということはその後1日の疲れにも影響してくる死活問題だ。今回は「意外と座れる駅」とし、首都圏から遠くない、意外にも座れる駅を調べてみた。

「意外と」座れる駅とはどのような駅か

まず首都圏の各路線からめったに座れない混雑している路線を10ピックアップ。その混雑している路線の平日6時半～9時半の上り方面へ行く始発駅を出す。そして駅の乗降人員数が少ないほど「始発駅座り狙い」のライバルは少なく、始発電車待ちをしなくてもよくなる、または待ち時間が少なくなるため、乗降人員数を少ない順に並べる。

さらにより座れる確率を高めるために、それぞれの駅から始発電車が何本出ているかという点、そしてその中からおすすめ駅を出すために各駅の平均家賃の額を調べ、ポイントを付けた。すなわち、上り始発の本数が多く、平均家賃が安い駅のポイントが高くなる。そのポイントを高いものから並べたものが、右の表だ。

なお、今回はあくまでも一般的な通勤時を想定しているため、座れる確率が相当高くなる利用者の少ない有料の電車、さらに混雑していて当たり前である環状線の山手線、池袋駅と赤羽駅を結ぶ5・5㎞と短距離の赤羽線はランキングから外してある。

上位駅は県をまたぐ

一番ポイントが高かったのは東急田園都市線・長津田《ながつだ》駅だ。田園都市線は中央林間駅から渋谷駅までを結ぶ、全長約30㎞の長い路線だ。横浜市営地下鉄ブルーラインとの乗り換え駅である、あざみ野駅や、東急大井町線との乗り換え駅であり、近くにはJR南武線・武蔵溝ノ口駅がある溝の口駅、さらに「住みたい街」として人気の高い二子玉川駅や三軒茶屋駅もあり、路線別に見た混雑率では2位だった。そんな人気の路線のため長津田駅の乗降人員数も12・8万人（２０１５年度、以下同）と多いが、そのためか始発本数が28本とかなり多い。渋谷駅までは準急で40分と今回のランキングではターミナル駅までの時間はかかる方ではあるが、通勤圏内であり、また家賃も6・14万円（２０１７年3月時点のワンルーム。ホームズ調べ、以下同）と安めなので、帰りの電車だけ我慢すれば通勤が楽な駅だ。

2位の東京メトロ東西線・妙典《みょうでん》駅は千葉県市川市に位置し、東西線のみの乗り入れとなっている。しかし大手町駅までは27分、西船橋駅までは5分の距離であり、家賃は6・57万円とこちらも比較的安い。始発の本数は13本だが、そもそも平日の妙典駅からの上り始発は1日15本なので、朝の通勤時間帯は充実している。また、乗降人員数も4・9万人と少なめなので、始発電車待ちをあまりしなくて済む。問題は東西線の混雑率で、平日朝の木場駅から門前仲町駅の混雑率は1

99％（2015年度、国土交通省）のため、一度座ったら降りずらい。そして車両によってはこの数字よりもさらに混雑しているので、場合によっては座っていたとしても圧迫感がある。

23区内の座れる駅

23区からの始発で座って通勤できる駅は意外と多く、20位中9駅が23区に属している。その中で注目すべきは東京メトロ日比谷線の南千住駅、同じく日比谷線の北千住駅、そして東京メトロ千代田線・綾瀬駅だ。これらの駅の平均家賃は6・65万円～7・56万円と23区の中では比較的安く、それぞれの路線の利便性も高い。日比谷線は上野駅や秋葉原駅を通るためJR線に乗り換えができ、茅場町駅、霞ケ関駅などのビジネス街も通る。さらには銀座駅、六本木駅などハイセンスな店があふれる駅までも通る人気の路線だ。千代田線も同じく西日暮里駅や新御茶ノ水駅でJR線に乗り換えが可能で、大手町駅や霞ケ関駅を通り、表参道駅や明治神宮前（原宿）駅などの流行の発信基地を通る路線だ。

始発の本数も充実しており、北千住駅で28本、綾瀬駅で22本となっている。これはやはり乗降人員数が北千住駅で約29万人、綾瀬駅で約44万人と多いためだろう。どちらの駅もJR常磐線が乗り入れており、それぞれの駅での乗り換え客も多い。だがこれだけ本数があれば、座り待ちをする時間も短く、座れる確率も高いだろう。

ただ残念なのは、南千住駅からの上り始発が朝の時間帯は1本しか出ていない点だ。乗降人員数は2・8万人と少ないが、始発電車は6時52分発なので、終点中目黒駅にも7時32分には着いてしまう。ライバルは少ないのだが、これでは一般的な就業開始時間よりもだいぶ早く目的の駅についてしまう。早朝から仕事を始める人か、朝をゆっくり過ごしたい人向けの始発駅だ。

家賃が高い始発駅

今回19位の西武池袋線・石神井公園駅は東京メトロの乗り入れにより、東京メトロ有楽町線の始発駅となっている。池袋駅まで20分と近いが、家賃が高く、東京メトロ東西線中野駅の8・21万円より高い8・7万円となっている。石神井公園駅はその名の通り、近くには石神井公園という広い公園があり、その周囲には高層マンション群や高級住宅街が広がる。落ち着いた住環境で練馬区内でも人気の駅だ。また、上り始発の本数3本に対して乗降人員数は7・7万人と、同じ路線の始発駅である清瀬駅や保谷《ほうや》駅に対して1万人ほど多い。このことから始発の電車を狙うのは難しそうに思えるが、石神井公園駅は西武池袋線急行電車の停車駅であり、上りの急行に乗ると約10分ほどで、池袋駅にノンストップで到着する。さらに西武池袋線は東京メトロ副都心線も乗り入れているので、利用者が分散されており、この数字ほど有楽町線の利用者はいないだろう。たとえ始発の本数が少なくても早めに駅に着いていれば、座れるチャンスはある。

どうしても座りたい人の有料電車

どうしても座りたい！　というのであれば有料電車の利用がおすすめだ。ＪＲではグリーン車、小田急では「メトロはこね」などを運行。他にも、京成は「モーニングライナー」、東武は「ＴＪライナー」など、各社とも「座りたい」という声に応える電車を用意している。

２０１７年には西武、東京メトロ、東急、横浜高速鉄道がそれぞれ提携し、有料座席指定列車「Ｓ-ＴＲＡＩＮ」の運行が開始された。電源コンセントや無料ＷｉＦｉが設置され、西武の新型通勤車両「４００００系」が使用される。座りたいという乗客のニーズを汲みとったサービスで鉄道会社も競争を迫られる時代になった。

電車の座席
＼あるある／

▼ 目の前の座っている人が次で降りようとしているか瞬時に見極める

▼ 冬でも押しくらまんじゅうで熱いのにガンガン暖房がついている

▼ あの混雑の中、新聞を読める人のメンタルは鋼《はがね》だと思う

ホームドアが命を守る

鉄道自殺件数の多い駅

文／佐藤裕一

RANKING

順位	駅名（路線名）	自殺件数（死亡）
1位	新小岩（JR：総武線他）	30（29）
2位	新宿（JR：中央線他）	26（11）
3位	武蔵小金井（JR：中央線）	19（16）
4位	東京（JR：中央線他）	19（10）
5位	国立（JR：中央線）	17（17）
6位	戸塚（JR：東海道線他）	17（15）
7位	荻窪（JR：中央線他）	17（11）
8位	船橋（JR：総武線他）	13（13）
9位	川崎（JR：南武線他）	13（11）
10位	上野（JR：京浜東北線他）	13（5）
11位	市が尾（東急：田園都市線）	12（12）
12位	横浜（JR：東海道線他）	12（8）
13位	西国分寺（JR：中央線他）	11（10）
14位	鶯谷（JR：山手線他）	11（11）
15位	市川（JR：総武線他）	11（9）
15位	茅ケ崎（JR：東海道線他）	11（9）
15位	大宮（JR：埼京線他）	11（9）
18位	柏（JR：常磐線他）	11（8）
19位	新河岸（東武：東上線）	10（10）
20位	池袋（JR：埼京線他）	10（9）

駅格差を語る上で外せないテーマが鉄道自殺だ。暗い話だが、鉄道自殺は私たちが日々利用する場所で起きており、その結果は「人身事故の影響で」というお決まりのフレーズで鉄道利用者に影響を与えている。

東京、神奈川、千葉、埼玉にあるＪＲと私鉄の駅で、２０１５年までの10年間に一度でも鉄道自殺（未遂を含む）が発生した駅は、少なくとも６７５駅にのぼることが、国土交通省が開示し

RANKING

順位	駅名（路線名）	自殺件数（死亡）
20位	蓮田（JR：湘南新宿ライン他）	10(9)
22位	武蔵境（JR：中央線他）	10(8)
23位	秋葉原（JR：総武線他）	10(5)
24位	東久留米（西武：池袋線）	9(9)
25位	桶川（JR：高崎線他）	9(8)
25位	三鷹（JR：中央線他）	9(8)
27位	阿佐ケ谷（JR：中央線他）	9(7)
28位	浜松町（JR：山手線他）	9(6)
28位	品川（JR：東海道線他）	9(6)
30位	赤羽（JR：埼京線他）	9(5)
30位	西荻窪（JR：中央線他）	9(5)
30位	綱島（東急：東横線）	9(5)
33位	あざみ野（東急：田園都市線他）	8(8)
34位	新橋（JR：山手線他）	8(7)
34位	十日市場（JR：横浜線）	8(7)
34位	幕張（JR：総武線他）	8(7)
37位	日暮里（JR：山手線他）	8(6)
37位	西八王子（JR：中央線）	8(6)
37位	錦糸町（JR：総武線他）	8(6)
37位	鶴見（JR：鶴見線他）	8(6)

出所：2006年から2015年まで、国土交通省データより筆者調べ

たデータの集計からわかった。

人身事故上位を占めるJR線の駅

もっとも多かったのはJR総武線、新小岩駅の30件。06年から10年までは計2件という目立たない駅だったが、11年7月に発生した、ホーム上の人を巻き込んだ自殺が多数のメディアに報道されてからむしろ急増し、30件中28件が、同年以降の5年間に集中した。

次に多かったのがJR新宿駅の26件だ。新小岩駅とは対照的に、同駅では06年以降、毎年2人から4人が自殺する状況が続いている。自殺ゼロの年はない。路線別の内訳は中央線（中央・総武線含む）が17件、山手線が7件、それ以外が2件だった。

10年間に20件以上の自殺があったのはこの2駅だが、675駅中わずか0・3％を占めるに過ぎない。自殺件数では1912件中56件（2・9％）がこの2駅で発生していた。

自殺19件から10件の駅となると一気に増え、21駅にものぼる。

このランクの駅にはターミナル駅に混じって、乗り入れ路線が少ない武蔵小金井駅（19件）、国立駅（17件）、西国分寺駅（11件）、武蔵境駅（10件）などが登場する。すなわち、JR中央線の駅が多いのが特徴だ。

ここまでが10年間で10件以上、つまり平均して毎年一度は自殺が発生した駅にあたる。

これより少ない自殺9件から5件の駅となると、計88駅という広がりを見せる。9件が9駅、8件が10駅、7件が13駅、6件が25駅、5件が31駅で、自殺件数が少なくなるにつれて駅数は増えていく。

このランクに入るのは、ＪＲ線では浜松町駅、品川駅、赤羽駅、西荻窪駅、三鷹駅など。私鉄では東京メトロ南行徳駅、都営地下鉄小川町駅のほか、東急線では三軒茶屋駅などが入った。また、東武線の竹ノ塚駅や西武線の大泉学園駅などもこの位置だ。

「こんなにあるのか」と思うかもしれないが、それでもここまでに登場したのは計１１１駅で、６７５駅という全体の16％程度。駅での鉄道自殺がいかに広範囲に及んでいるかがわかる。しかも、集計の元となった国交省のデータには、すべての鉄道自殺が記録されているわけではない。冒頭で「少なくとも」と書いたのはそのためだ。

遅れが30分未満だと報告義務がない

集計に使用した国交省のデータは、列車に遅れや運休などが生じた事故、災害などを記録した「運転事故等整理表」。鉄道会社が報告したものを同省がまとめたもので、日時、路線、場所、原因、事故概況、死傷者数などが1件ごとに記されている。原因には「自殺」という項目もあり、原因が「自殺」で、場所が「駅構内」だったものを集計した。

山手線におけるホームドア設置状況

順位	駅名(ホームドア設置以前の自殺件数)	設置後自殺件数
1位	上野(7)	0
1位	池袋(7)	0
3位	巣鴨(5)	0
3位	高田馬場(5)	0
5位	原宿(4)	0

出所:国土交通省データより筆者作成

注意が必要なのは、このデータで、自殺は私たちが日頃見聞きする意味での「人身事故」には含まれない点だ。

行政的には、一般的な意味での人身事故は「人身障害事故」という名称だが、自殺だけは自然災害などと同じ「輸送障害」という分類に入り、小分類では動物との衝突と同じ扱いだ。自殺かどうかは警察が判断する。

ポイントはここからで、人身障害事故が発生すると鉄道会社は国交省に報告する義務があることが、「鉄道事故等報告規則」という省令で定められている。ところが、旅客列車の輸送障害は遅れが30分未満で済んだ場合、報告義務がない。つまり、短時間で運転再開した自殺はデータに入っていない可能性があり、実際に、新小岩駅で続発するきっかけとなった11年7月12日の死亡事故は、自殺としても人身障害事故としてもデータ中に存在しておらず、今回の集計にも入っていない。

675駅以外にもデータにない自殺が起きている可能性

や、集計から除外した駅間での自殺を考慮すれば、鉄道利用者はかつて自殺が起きた場所を日常的に行き来していることになる。

ホームドア設置は自殺防止に抜群の効果がある

自殺が社会問題である以上、鉄道にできることに限界はあるが、もっとも有効なのはホームドアの設置だ。

ホームドアは自殺防止を目的としたものではないが、自殺対策に極めて効果的なことが国交省の同じデータから明らかになっている。わかりやすい例がＪＲ山手線だ。前ページの図を見ていただきたい。

山手線では10年6月、最初のホームドアが恵比寿駅に設置されて以降、16年3月までに全29駅中23駅でホームドアが稼働した。設置前後を比較すると、それぞれの駅の設置年までの自殺件数は計69件だったが、設置翌年以降は完全にゼロになった。

一方で、未設置の品川、渋谷、新宿、東京、新橋、浜松町の6駅のうち、14年と15年の2年間だけで、東京駅で1件、渋谷駅で1件、新宿駅で2件の自殺が山手線で発生している。

新宿駅では山手線だけで10年間に7件の自殺が発生した。池袋駅と上野駅もそれぞれ7件起きているが、いまはホームドアによって完封中だ。山手線最多の8件の自殺が起きた東京駅をはじめ、件数の多い駅でのホームドア設置は急務だ。

ここまで自殺を「件数」で示してきたが、現実に起きているのは人間の自殺だ。件数での表示が気になった人は、「件」を「人」に置き換えてもう一度読んでみてほしい。

慣れによる命の軽視

一般に「人身事故」と呼ばれる鉄道事故の半数以上が自殺だ。

一都三県（東京、神奈川、千葉、埼玉）では、15年までの10年間に駅構内で1912件の自殺が発生したと先に述べたが、自殺を除く人身事故（死傷者のいる踏切事故、乗務中や線路内作業中の鉄道員の労災事故を含む）はこれより少ない1625件。計3537件のうち約54%が自殺だった。駅に着いたときに人身事故で列車が止まっていたり、大幅に遅れていたりすると、「またか」と思う人は多いはずだ。原因はわかっていなくても、感覚的に自殺だと仮置きして対処しているのではないか。鉄道自殺は他の自殺に比べて特異だ。多くの人がいる中で突如発生し、目撃者を生み出し、ときには数十万人に影響するという「見える」自殺手段はほかにない。道具を用意する必要がないという点も恐怖だ。ブラック企業で過労死寸前まで働かされ、会社の行き帰りに自殺する人もいるに違いない。社会問題が人身事故という形で出現しているのだと筆者は考えている。

第2章

首都圏主要駅のレイヤー別通信簿

都心駅と郊外駅、多路線が乗り入れるターミナル駅と
普通電車しか停まらない駅、駅には様々な階層がある。
ライバル駅比較をもとに見えてくるものとは？

30年で逆転した駅の「序列」

文／編集部

駅名	乗車人員の増加率
品川（JR：東海道線他）	233.4%
秋葉原（JR：総武線他）	218.1%
日暮里（JR：常磐線他）	194.8%
横浜（JR：東海道線他）	144.4%
東京（JR：中央線他）	131.8%
新橋（JR：山手線他）	129.3%
北千住（JR：常磐線他）	124.8%
千葉（JR：総武線他）	115.8%
池袋（JR：埼京線他）	115.5%
新宿（JR：中央線他）	114.5%
上野（JR：京浜東北線他）	106.2%
渋谷（JR：山手線他）	102.5%

出所：ＪＲ東日本、東京都統計年鑑、横浜市統計、千葉市統計、大宮市統計
注：2015年度の数値。対1985年度比

2010年にエキュートが開業されるなど、便利になった上野駅

首都圏有数のターミナル駅に成長した品川駅と秋葉原駅

駅に序列をつけるとすれば、その際の判断基準となるのは、利用している乗客の多い、少ないであろう。他の交通機関と比べて、鉄道の真骨頂は、「大量輸送」にある。その大量輸送を支える一つがターミナル駅だ。とくに何かしらの規定で「〇〇駅はターミナル駅」と定められているわけではないが、一般に複数路線が乗り入れ、乗降客数が多い駅がそう呼ばれている。

冒頭の表は、首都圏のおもなターミナル駅の、1985年に対する2015年の1日平均乗車人員数の増加率が高い順に並べたものだ。

一見して目立つのは、品川駅と秋葉原駅の躍進ぶりだ。30年間で乗車人員数を2倍以上に増やすまでに成長している。秋葉原駅に対してターミナルという印象を持つ人は少ないかもしれないが、山手線、京浜東北線、総武線のJR3路線に加え、東京メトロ日比谷線、つくばエクスプレスも乗り入れる交通の要衝である。乗車人員数では首都圏のJRの駅で9番目、私鉄との合算でもベスト10入りしており（14ページ参照）、首都圏を代表するターミナル駅の一つと言っても過言でない。

秋葉原駅周辺はかつての電気街だけの街ではなく、2006年には名だたる上場企業が入居するオフィスビル、秋葉原UDXが開業するなど、オフィス街としての一面も持つようになった。

おもなターミナル駅の1日平均乗車人員の推移

（単位：人）

駅名	1985年	1995年	2005年	2015年
新宿	663,855	745,748	747,930	760,043
池袋	482,049	608,899	564,669	556,780
東京	329,676	400,704	379,350	434,633
横浜	284,944	397,964	384,594	411,383
渋谷	363,022	414,241	423,884	372,234
品川	154,877	233,836	302,862	361,466
新橋	205,666	219,370	236,116	265,955
秋葉原	111,825	138,266	171,166	243,921
北千住	168,258	194,625	177,104	209,994
上野	171,044	208,304	179,978	181,588
日暮里	55,129	78,019	78,921	107,399
千葉	90,219	108,388	103,401	104,503
西日暮里	89,852	108,301	87,392	98,681

出所：ＪＲ東日本、東京都統計年鑑、横浜市統計、千葉市統計

いくつも建設された高層ビル群に続々企業が入居したのも、交通の利便性があったからであり、きっかけさえあれば変貌していくだけのポテンシャルを持った駅だったのだ。日本のポップカルチャーが海外で支持され、その発信地としても世界に名前がとどろく駅だ。秋葉原は街が大きな変貌を遂げ、外国人を含めて、より多くの人が集まるようになり、ターミナル駅としての地位を押し上げている。

その秋葉原駅より増加率が多いのが品川駅だ。高層ビルが建ち並ぶオフィス街としての成長に加え、２００３年に東海道新幹線が停車するようになった。まだ先の話になるが、リニア中央新幹線の始発駅になることも決定しており、まだま

だポテンシャルを秘めている。

かつては「北の玄関口」とされた上野だが……

一方で、ターミナル駅といってすぐに思いつく新宿、渋谷、池袋、上野の各駅は、あまり乗車人員数に変化がない。新宿駅、池袋駅が約15％増、渋谷駅にいたっては2％増ほどだ。

上野駅は渋谷駅よりも増加率が多いものの、近年台頭した品川駅、秋葉原駅、北千住駅に乗車人員数で抜かれる結果となった。かつて「北の玄関口」と言われた上野駅を象徴する夜行寝台列車はすべて廃止され、宇都宮線、高崎線、常磐線の起点駅であるものの、上野駅で降りずとも品川方面に直通する上野東京ラインの開通で大幅にその存在感が薄まったと言える。駅を出てすぐのところにあるアメ横は秋葉原同様、インバウンドで客を集めるが、オフィス街としてはいまいちパッとしないところが、乗車人員数の押し上げを難しくしている。

首都圏のターミナル駅の勢力図でみてみると……序列を上げた品川駅、秋葉原駅。変わらず上位に君臨する成熟した新宿駅、池袋駅、渋谷駅。序列を下げた上野駅。そんな具合であろうか。

交通の利便性が街の変化に大きな影響を与え、街の変化が乗車人員数を押し上げた品川駅、秋葉原駅に対し、交通の利便性が減少した上野駅は、今後成長していくポテンシャルを失ったように見える。

乗り入れ、乗り継ぎ……鉄道会社の接続により変化する

乗降客数でみる駅の浮沈

文／編集部

増加RANKING

順位	駅名 (乗り換え)	増加率 (%)
1位	渋谷 (東急→東京メトロ)	521
2位	押上 (東武伊勢崎線)	425
3位	武蔵小杉 (東急目黒線→JR)	330
4位	練馬 (西武有楽町線)	300
5位	北千住 (東武伊勢崎線)	274

減少RANKING

順位	駅名 (乗り換え)	減少率 (%)
1位	渋谷 (東急線)	–46
2位	渋谷 (田園都市線)	–40
3位	二子玉川 (東急田園都市線→東急大井町線)	–36
4位	泉岳寺 (京急本線)	–35
5位	渋谷 (東急→JR)	–34

出所：各社HPより編集部作成

注：平成18年度、平成27年度の鉄道各社の乗降人員数を比較した増加、減少率

JR武蔵小杉駅に横須賀線が通り、品川方面へ行きやすくなった。そのため二子玉川駅以西の住民で大井町線を利用し通勤していた人の多くが横須賀線を使うようになり、二子玉川駅で大井町線への乗り換えが減ったと考えられる。

ここ数年で、首都圏にある街はそれぞれ変化を遂げてきた。駅および駅前の再開発や、高層マンション、人口増加に合わせた新しい商業施設の建築。ここでは、そういった各駅の乗降人員数の増減をみてみる。

日本の人口が減少しつつある中で、東京都内に限って言えば、現在の人口は約１３５０万人と、平成18年の約１２６７万人と比べ、約83万人も増加している（東京都ＨＰ）。それと同様に、首都圏の駅の乗降人員数もピンポイントで見れば確実に上がった駅、下がった駅と分かれる。各駅の傾向について、平成18年度と平成27年度を比較し、詳しくみてみる。

これからも増える乗り入れ路線は駅の乗降人員を奪うのか

今回、増加、減少ともにランクインしたのは渋谷駅。各鉄道会社の乗降人員数を合わせた数は約２４４万人（２０１５年度）、乗降人員ランキング第3位であるが、減少した理由の一つが電車の乗り入れだ。

東急各線は渋谷駅から先は東京メトロ各線に乗り入れ運転をしているので、渋谷駅で乗り換えをしなくてもよい。そのため、東急線と田園都市線の渋谷駅で大きく減少している。

しかしながら、単独でも約35万人（２０１５年度）も乗降人員がある京王井の頭線の始発駅であることや、環状線の山手線が停車することで、渋谷駅を通過する人だけでなく、利用する人員も変わらず確保されている。２０１２年にオープンした、商業、オフィスなどの複合施設、ヒカリエの存在も大きい。

渋谷駅の乗り入れ運転の話が出たが、他にも乗り入れ運転により、増減が見られる駅は多数ある。西武池袋線は練馬駅から東京メトロ副都心線、東京メトロ有楽町線と直通し、それらは、都心方面へ向かう。池袋駅や渋谷駅の先まで向かうことが可能となったため、練馬駅が増加4位に入った。本書でも度々登場している東武伊勢崎線の北千住駅も東京メトロ日比谷線、半蔵門線との相互直通運転、さらに半蔵門線を経由して東急田園都市線への乗り入れにより増加5位。

他にも、住みたい街ランキングでお馴染みの、東急目黒線武蔵小杉駅で同様の現象がみられている。武蔵小杉駅は、周囲の人口が急速に増え、駅の乗降人員数は増加し、10年前と比べ３３０％も増加している。一方、近隣の東急田園都市線溝の口駅は25％減少している。単純に人気がないわけではなく、１３４ページ冒頭図の下で触れたように、ＪＲへ客を取られたことが減少の要因であろう。

少子高齢化を見据えた鉄道会社の施策

各社の乗り入れや、駅のブランド力のみで増加、減少しているのが現状ではあるが、それらは一過性のものに過ぎず、各社ともそれだけに頼っていては駅の将来性はない。

人気路線を持つ東急電鉄は「Tokyu Child Partners」として、保育園や子供向けセミナー、スポーツシステムを開業。駅チカ保育園として、長津田駅やたまプラーザ駅近くに保育園を開園させた。

このほか西武鉄道も同様に、田無駅や富士見台駅近くに保育園を開園している。「Nicot（にこっと）東久留米」は、東久留米駅に直結したエミオ東久留米内にある。JRは送迎保育も実施しており、「送迎保育ステーション」では、朝、駅で子どもを預かり指定の保育園に送る。そして夕方、園から子どもを預かり、保護者が迎えにくるまで保育を行うという取りくみを開始した。

また、京王線は高齢化に目を付け、介護付き老人ホームを経堂駅に建てている。夫婦共働き家庭が多い首都圏では、こういったサービスは大変重宝されている。通勤がしやすいという理由で住む街を選んでいた人は、これらの付加価値が加わることで、ライフスタイルに合わせ、選択の幅を広げる。もちろん、これらはすぐ結果が出るものではないが、長い目で見れば先々、乗降客数の増加を押し上げる一因となるはずだ。

Nicot富士見台。Nicotとは西武鉄道が2010年より推進している「SEIBUの子育て応援プロジェクト」の一環として駅施設の付近に展開する認可保育所

家賃も安い近郊・郊外穴場駅の魅力とは

意外と知られていない人気急上昇駅

文／編集部

3路線利用できる穴場・本八幡《もとやわた》駅

意外性で、まずおすすめしたいのが千葉県市川市にある本八幡駅。歩いてすぐの場所に京成八幡駅があり、ＪＲ総武線、都営新宿線と合わせて約22万人の乗降人員がある（２０１５年度）。京成本線は上野駅へ、ＪＲと都営線は新宿駅へ向かう、いずれも便利な路線だ。そんな本八幡駅は、１９９０年ごろから駅北口で再開発が行われ、老朽化した木造家屋の密集地は、高層マンションが立ち並ぶ、スタイリッシュな街並みへと変貌を遂げていった。これにより、歩道も広くなり、ベビーカーなども通りやすく、住人に安心な街へと生まれ変わった。また、秋葉原駅までＪＲで約20分という好条件ながらも、ワンルームの家賃が約６万円（２０１７年、ホームズ調べ）と比較的安い点も魅力的だ。駅前にはショッピングセンターのパティオや、大型のディスカウントスーパー・オーケーストアもあるので、買い物にも困ることはなく、住むのにうってつけの場所だろう。

2027年、リニア中央新幹線の新駅が設立される予定の橋本駅周辺。駅周辺には大型のショッピングセンターが建ち並び、高層マンションも数多く見受けられる

リニア操業で注目が集まる橋本駅

千葉とは反対方面、神奈川県相模原市にある橋本駅も駅前再開発計画で賑わいを見せている。橋本駅は、2027年、リニア中央新幹線の新駅が設立される駅として一躍有名になった。このリニア中央新幹線駅の設立に合わせ、駅前再開発が進んでいる。特に駅南側は、3つのゾーンを設け、広域交流ゾーンとして駅前広場やイベントスペース、複合都市機能ゾーンとしてオフィスや商業、福祉医療施設など、ものづくり産業交流ゾーンとして展示場やシティホテルなどの建設が計画されている。

すでに北口には大型スーパーのイオン、ショッピングセンターのミウィ、そして南口には2010年にオープンした大型商業施設アリオがあり、生活には困らない。また、北口には映画館もあり、JRと京王線合わせた橋本駅の乗降人員数が22・3万人と首都圏でも上位に入るのも納得できる。リニア新駅が橋本に誘致された理由はさまざまあるが、新駅開設によって、この数字が増加することは確実だろう。都市計画によって街は生まれ変わり、まだまだ発展していく。

そして、橋本駅はJR横浜線、相模線、京王相模原線を有し、特に京王線は始発駅なので、座席に座って終点・新宿駅まで行くことができる点も注目だ。準特急を利用すれば、新宿駅まで39分で到着する。また、近隣は公園や広大な緑地が数多くあり、自然の中で子育てをしたい、自然と触れあいたいという人にもおすすめできる。家賃もワンルームが4万円台（2017年、ホームズ調べ）と、都内と比較してリーズナブルだ。

相鉄と東急直通でさらに利便性が高まる、海老名《えびな》駅

橋本駅と同じ神奈川県にある海老名駅も注目だ。もともと田畑が広がるのどかな地域であったが、1980年代後半に東口の開発がスタートし、2002年に複合商業施設「ビナウォーク」が完成したことによって東口が栄えていった。それから遅れること13年、2015年に「ららぽーと海老名」が西口にオープンしたことによって、海老名駅全体が人の集まる駅となっていった。

海老名駅は小田急小田原線、ＪＲ相模線、相鉄本線の計3路線が乗り入れており、新宿駅まで小田急線で43分、横浜駅までＪＲで26分という、通勤や通学に便利な駅だ。乗降人員数を見てみると、ＪＲだけでも２０１４年度の1万７２２人に対し、２０１５年度は1万１９５２人と、確実に人気が上昇している。また、２０１９年には相鉄線が東急東横線と直通運転を開始する予定なので、渋谷駅へも乗り換えなしで行けるようになり、都心方面へ楽に行くことができる。

そんな鉄道の利便性が高い海老名駅。ワンルームの家賃は約6万円（２０１７年、ホームズ調べ）と、神奈川県を走る小田急小田原線の中では一番高い。しかし、この駅は橋本駅同様、駅から少し歩くとたくさんの公園があり、近くの相模川ではバーベキューができるなど、子育て世代にはとてもおすすめの街なのだ。それだけではなく、海老名市は、０歳から中学校修了前までの子どもの入院・通院費を助成するなど、子育て支援制度も充実している。

郊外駅はあまり注目されない傾向にあるが、買い物にも、通勤・通学にも利便性が高く、また、子育てをする環境もいい駅はある。今後は駅の再開発によって、そういった郊外の注目駅はさらに増えていくことだろう。

対決！ライバル駅 1

穴場だと思う上位1位2位の駅を比較する

北千住
（JR：常磐線など）

赤羽
（JR：埼京線など）

北千住	VS	赤　羽
WIN 1,242,139 ※メトロ日比谷線は除く	乗降人員（人）	184,292
WIN 6	乗り入れ （路線数）	4
上野駅：9分 （東京メトロ）	ターミナル駅 アクセス（駅：分）	池袋駅：9分 （JR快速）
WIN 7.14万	ワンルーム 家賃（円）	7.38万
人気ファッション ビル	商業施設 充実度	WIN 大手スーパー
荒川の河川敷	自然との ふれあい	隅田川の河川敷

出所：2015年度各鉄道会社HP、2017年ホームズHPより
編集部作成

北千住駅と赤羽駅。どちらも「昼から飲める街」などと、庶民的なイメージが定着している。東京23区内では家賃が比較的安いことも共通している。

住宅情報サイト「スーモ」の「穴場だと思う街（駅）ランキング」（２０１７年）で北千住は1位、赤羽が2位となっている。どちらの街も「物価が安い」ことや「商店街が充実している」ことが理由としてありそうだ。お店の選択肢の多さなどでも共通している。

そんな二つの駅は、鉄道網の上でもライバル関係にある。

北千住駅と赤羽駅から人はどこへ向かうのか

北千住駅と赤羽駅は、都心へ向かう交通の要衝である。北千住駅には、都心へ向かう路線としては東京メトロ千代田線、ＪＲ常磐線、つくばエクスプレス、東京メトロ日比谷線、東武スカイツリーラインがある。それぞれの路線が、都心部へダイレクトにアクセスしている。大手町、上野、東京、秋葉原、霞ケ関、六本木、神保町。たとえば霞ケ関駅へは、千代田線と日比谷線でアクセス可能だ。大手町駅には、千代田線と半蔵門線でアクセス可能である。どこかの路線で大幅に遅延しても、別の路線で目的地にたどりつくことができる。通勤や通学の面で安心だ。そういった都心各方面へのアクセスのよさは、北千住駅の特徴である。

そのため乗降人員数も多い。ＪＲと私鉄、あわせて約１２４万人（２０１５年度、ただし日比谷線の北千住駅は東武スカイツリーラインの利用者も含まれるため、今回合計の乗降人員数からは除く）が、北千住駅を利用している。都心へ部へ乗り換えすることなくダイレクトにアクセスできる点が、北千住駅を繁栄させている。

一方赤羽駅には、ＪＲの京浜東北線、上野東京ライン、湘南新宿ライン、埼京線、高崎線が乗り入れている。このことにより、山手線上にあるすべてのターミナル駅に乗り入れることができ、そこから都心へのアクセスが可能だ。北千住駅からはダイレクトにアクセスすることが困難な、新宿駅にも直結している。しかし、私鉄は乗り入れていないため、ターミナル駅より先の都心へ向かう際には乗り換えが必要だ。

赤羽駅の乗降人員は、約18万人（２０１５年度）。北千住よりはだいぶ少ない。立地としては東京メトロ南北線の志茂駅、都営三田線の本蓮沼駅に挟まれているが、両駅は赤羽駅からはかなり距離があるため、乗り換え駅としては利用することが難しい。利便性としては、ＪＲのみならず私鉄も多く乗り入れている点を考慮すると、北千住に軍配が上がる。

商業施設の充実度は？

北千住駅は、ターミナル駅となっているためか、駅にはルミネ、駅前にはマルイなど、知名度の高いファッションビルが2店舗ある。服や小物などを買うのにはいい場所だ。日常の買い物をするスーパーマーケットについては、大資本のスーパーはないものの、マルイには食料品売場があり、ルミネには高級スーパー・成城石井がある。そのほか、地元に長年親しまれてきたスーパーが軒をつらねており、また、地域の商店街が充実しているので、比較的安く食材を買うことができる。都心へダイレクトにアクセスできるが、北千住駅だけで日々の買い物を済ませることが可能だ。

一方、赤羽駅は拠点駅でありながら、駅周辺には百貨店、知名度のあるファッションビルがない。その代わり、エキナカにはエキュート赤羽や、UR都市機構グループのアピレ赤羽、ビビオなどがある。

駅周辺のスーパーについては、大手のスーパーが複数ある。イオン系のダイエー、西友、そしてイトーヨーカドー。赤羽駅のイトーヨーカドーはかなり大きな店舗であり、品揃えは充実している。ダイエーや西友が食品メインで店舗の規模が小さいのに対し、イトーヨーカドーは堂々たる総合スーパーの品揃えで、地上6階地下1階と巨大である。それに加えて、こちらも商店街が充実している。

北千住駅が百貨店やショッピングビルがあるのに対し、大きな総合スーパーはない。以前はあったものの、撤退してしまった。逆に、赤羽駅には知名度の高いショッピングビルはない。埼京線で池袋駅や新宿駅に行けば、十分こと足りるからだろう。このあたりは、赤羽駅は鉄道路線網で補完していると言える。

「買い物」という点では、大半の人が服や小物などを買うよりも、日用品を買う機会が多いと考えることができるので、こちらは赤羽駅が充実していると言えそうだ。

目的地の北千住、通過駅の赤羽

北千住駅と赤羽駅では、暮らしやすさの面ではあまり変わらない。家賃の相場を見てみると、北千住駅が7・28万円、赤羽駅が7・57万円と、ほぼ互角であった（2017年、ホームズ調べ）。治安面から見てみると刑法犯認知件数は足立区が6937件に対し、北区は3377件なので、北区のほうが治安がいいとも言える（平成27年、警視庁HPより）。

しかし、乗降人員数は圧倒的に北千住駅のほうが上であり、複数の路線が乗り入れている点から、暮らしの面では北千住駅に軍配が上がった。一方、商業施設の充実ぶりは、それぞれに違いはあるものの、日々の生活を考慮すると、赤羽に軍配が上がる。

次に駅の立地を見てみる。北千住駅は、以降の北側に大きな街が少ない、という点が最大の特徴だ。東武スカイツリーラインは、北側に北千住以上に発展した街はなく、常磐線も松戸と柏があるだけである。となると、商業地として目立つ街が南側の上野くらいしかなく、その上野も、上野東京ラインの開通などで年々利用者が減少している現状を考えると、北千住は今後、さらに人を引き寄せる可能性がある。上野駅にいたっては、乗降人員は約61万人（2015年度）と、北千住駅よりも少ないのである。これは相対的に少ない数字ではないのだが、上野駅はアメ横や上野松坂屋など、歴史ある商業地があり、上野動物園や美術館などの観光地を有しているものの、都心ターミナル駅や大宮駅ほどの乗降人員数はないのだ。

一方、赤羽駅の場合、北側には川口、浦和、大宮と大規模な街が多くひかえる。川口にはそごう、浦和には2007年にパルコが開店し、大宮にはマルイ、ルミネ、そごう、タカシマヤといった、有名どころの百貨店、ファッションビルが集結しており、乗降人員数は約63万人（2015年度）と、埼玉随一を誇る。赤羽駅は、東京都と埼玉県の県境にあるため、埼玉県の主要駅も近くにあるのだ。そして、池袋駅まで8分、大宮まで15分というアクセスの良さも、人が流れている一因となっているだろう。百貨店や知名度のあるファッションビルがない赤羽駅は、どうしても通過駅となってしまいがちで、埼玉側と東京側の両方に人が流れてしまう。

そういった面から考えると、両側に大規模な街がなく、街自体が充実している北千住駅は、通過駅でなく目的地として認識される。JRだけで比較しても2010年度の乗降人員数は約19万人と、2015年度と比較すると、約2万人増加となる。その数は年々増え続けているという点も考慮すると、今後さらに発展し、乗降人員数は増加していくだろう。

文／小林拓矢

国分寺
（JR：中央線など）

調布
（京王：京王線など）

国分寺	VS	調　布
WIN 341,042	乗降人員（人）	117,781
WIN 3	乗り入れ（路線数）	2
新宿駅：21分（JR中央特快）	ターミナル駅アクセス（駅：分）	WIN 新宿駅：15分（京王特急）
WIN 5.96万	ワンルーム家賃（円）	6.18万
セレオ、マルイ	商業施設充実度	パルコ
WIN 西武多摩湖線・国分寺線、JR中央線、バス	トラブル時の迂回	バス

出所：2015年度各鉄道会社HP、2017年ホームズHPより編集部作成

対決！ライバル駅 2

新宿－八王子間、中央線VS京王線の戦い

新宿と八王子の間で、火花を散らすＪＲ中央線と京王線。その中には、拠点となる駅がいくつもある。中央線なら吉祥寺、国分寺、立川。京王線なら、調布、府中、高幡不動。そういった駅の中で、新宿からほどよく離れ、かつ路線網の要となっている国分寺駅と調布駅をライバルとして考えたい。国分寺には中央特快が、調布には特急や準特急が停車する。

作家の香り漂う国分寺、『ゲゲゲ』の調布

ここで二つの街の特徴について触れたい。調布では、これまで地上駅があった箇所の再開発が行われ、そこには、ビックカメラやシネコンが入ると言われている。「映画のまち調布」を標榜し、映画関連産業の事業所がある調布であっても、映画館はないというのが調布の難点であったが、この再開発により、市民待望の映画館ができる。

一方、国分寺も、北口で再開発が行われている。三越伊勢丹グループの商業施設や、タワーマンションを中心としたものとなるという。駅周辺での再開発が、二つの街で進み、それにより、さらに街が発展していく。

文化面で見てみると、かつて国分寺では村上春樹がジャズ喫茶「ピーター・キャット」を開いていた。また、椎名誠のエッセイ『さらば国分寺書店のオババ』（三五館）でも知られている。

一方、調布には水木しげるが長年暮らし、調布駅周辺に水木プロダクションをかまえていた。

2015年に亡くなったが、生前、調布駅周辺で水木を見かけたという人は多い。水木の妻が著してNHK朝ドラになった『ゲゲゲの女房』の主題歌・いきものがかり「ありがとう」は、駅の接近メロディとしても使われている。また、『ねじ式』や『無能の人』などで知られるつげ義春《よしはる》も調布に暮らしており、この街を舞台にした作品も描いている。

また、駅周辺の商業施設はどちらの駅も類似している。国分寺駅には、駅ビル「セレオ国分寺」があり、建物にはマルイが同居している。駅周辺にはマルエツや西友といった大手スーパーもあり、日々の買い物にも困らない。

調布駅周辺も商業施設が繁栄している。駅前には調布パルコがあり、他のパルコ店舗ではあまりない地下食料品売場がある。また、駅前スーパーは北側に西友、南側に東急ストアがある。こちらも、日々の買い物には困らない住環境だ。

地上駅の国分寺に対して地下駅の調布

文化面や商業施設を比較すると、どちらも類似する点が多い両駅だが、鉄道面から両駅を見てみる。

国分寺駅は他のJR駅同様、地上にある。JRは2面4線で、特別快速や特急の追い抜きも可能だ。一方、西武2線はそれぞれ1面1線のホームがある。西武でもマイナー路線ゆえ、ホームが小さいのは仕方がない。

ただ、JRが堂々たる2面4線の地上ホームを有し、緩急接続（停車駅において、同一路線の普通列車などで乗り換えができるように接続していること）を行っていることは評価したい。

一方、調布駅は、2012年の8月に地下駅に切り替わり、京王線では初めてホームドアが設置された。地下1階はコンコース、地下2階は下り線、地下3階は上り線となった。地下3階ともなるとかなり深い。階数で京王線と相模原線をわけているということではなく、どちらの路線も利用している。行き先を分けるためにホームが2面4線あるだけではなく、緩急接続も行っている。平日の昼間の時間でさえ、特急・準特急2本、急行・快速1本、普通1本をおよそ10分でさばいている。多様な列車種別と、その接続を考慮した調布駅の駅ダイヤは、芸術的でさえある。

路線網の中での位置づけはどうか？

国分寺駅は、中央線の途中駅であり、西武国分寺線と多摩湖線の始発駅でもある。国分寺を出た国分寺線は小川駅で拝島線に、終点東村山駅から先は西武園線と新宿線、所沢駅で池袋線に乗り換えができ、埼玉県寄りの多摩地区を容易に移動できる。毎日多くの通勤客が、国分寺駅で中央線に乗りかえて都心へ向かう。

調布駅は京王線と相模原線の分岐駅である。ごくたまに調布駅始発の列車はあるものの、基本的には京王八王子方面や橋本方面からやってきた列車が調布駅を経て都心へと向かっていく。そのために調布駅から笹塚駅までの間は過密ダイヤとなっている。「ひっきりなしに次の電車が来る」というと聞こえはいいが、調布駅から京王線と相模原線が一つの路線を共有しており、乗り換え客の混雑による電車の遅れのため、調布駅から先は毎朝大渋滞する。

しかし、電車の本数頻度でいえば、中央線も京王線と大して変わらない。中央線は、朝ラッシュ時には中央特快の運行をやめ、快速だけにしている。甲府方面からの特急列車もその時間帯は運行しておらず、特急電車は9時台にならないと新宿駅につくことができない。

救いといえば、中央線は駅間距離が長いため、停車する駅が少ないことである。駅間間隔でいうと、国分寺駅は新宿から21・1km、調布駅は15・5kmで新宿により近いが、京王線は間に駅が多くあるため、感覚としては国分寺までの距離と、それほど変わらない。平日15時台では、新宿駅から国分寺駅まで特快で19分、快速で29分、新宿駅から調布駅までは特急で14分、各停で38分となっている。

駅力の基盤となる乗降人員はどうか。国分寺駅は、JRと西武合わせて約34万人（2015年度）。一方、調布駅は11・7万人（2015年度）と、西武線を有する国分寺駅のほうが多い。なお、国分寺市の人口は12・3万人だが、調布市の人口は23・3万人である。人口の割に調布駅の利用者が少ないのは、調布市内に9駅も京王線の駅があるからだろう。調布駅両隣の布田《ふだ》駅、西調布駅が合わせて3・3万人の乗降人員があるので、利用者の広がりがわかる。国分寺市内には、国分寺駅の他に中央線の西国分寺駅、国分寺線の恋《こい》ヶ《が》窪《くぼ》駅しかない。乗降人員においても、さきほどの駅間距離が影響してきている。

類似点が多い両駅であったが、駅間隔が長いか短いか、すなわち市の中に駅の数が多いか少ないかという点は、住居を探す際の大きな要因となるだろう。どちらも同じ新宿駅を到着駅とするのであれば、沿線のさまざまな駅から選べるほうがよい。

例えば国分寺駅は、隣駅の武蔵小金井駅まで電車で3分の距離だが、市が異なるので、当然、行政サービスでの違いが出てくる。たった3分の距離だがワンルームの家賃相場を見ても、武蔵小金井駅6・40万円に対し国分寺駅は6・05万円となる。調布駅は同じ市内でありながら調布駅が6・71万円、布田駅が6・44万円、西調布駅は5・88万円とばらつきがある（2017年、ホームズ調べ）。

だが一点、注意すべきことがある。人身事故や何かしらのトラブルにより、運転見合わせが起こった際、国分寺駅であれば西武線を使い、遠回りして新宿に向かえるが、調布駅は乗り入れがないので、バスで移動するか、再開を待つしかないのだ。

文／小林拓矢

成増
（東武：東上線）

千歳烏山
（京王：京王線）

成増	VS	千歳烏山
58,426	乗降人員（人）	WIN 78,314
1	乗り入れ（路線数）	1
WIN 池袋駅：10分（東武快速）	ターミナル駅アクセス（駅：分）	新宿駅：12分（京王準特急）
WIN 6.37万	ワンルーム家賃（円）	7.35万
板橋区	街ブランド	WIN 世田谷区
WIN 地下鉄成増駅、バス	トラブル時の迂回	バス

出所：2015年度各鉄道会社HP、2017年ホームズHPより編集部作成

東京23区のすみっこに住むならどっち？ 対決！ライバル駅 3

東京23区に住みたいという人は多い。しかし、一般に東京23区は家賃が高く、中心に向かえば向かうほどどんどん家賃が上がっていく。不動産を購入する場合ももちろん高くなる。しかし、様々な観点から23区にこだわる人もいる。

腐っても東京23区というメリット

東京23区は、行政区域では市町村ではなく「特別区」というものである。市に準ずる基礎的自治体であり、行政サービスなどはそれぞれの区が行っているものの、基本的には横並びである。だから、特例を除き、どこの区に住んでいてもだいたい同じようなサービスが受けられる。たとえばごみ収集袋。23区以外では有料のところも多く、かつ市町村によって値段が違うのだが、23区にはそういったものはない。

そのほかに新聞も、23区ではすべて東京本社版の最終版を読むことができる。『朝日新聞』や『読売新聞』は、23区以外でも最終版を読める地域もあるが、『産経新聞』にいたっては23区でないと最終版を読むことはできない。最終版の締切時刻は、午前1時15分だと言われている。

特別区は、市町村にくらべて権限が小さい一方、そのぶん各区で均等なサービスが受けられるだけではなく、地方の市町村に比べても行政サービスがよい場合が多い。

鉄道も23区が、とは一概に言えないが、都心に近い地域の方が終電は遅い傾向にある。

また、23区に暮らしていることで、仕事を見つけやすい、という場合もある。住所に「市町村」がついていると、「ちょっと遠いな」と採用担当者からは思われる可能性があるからだ。

やはり、23区のメリットは多い。しかし、家賃は高い。

そこで、23区のすみっこに暮らそう、と考える人もいるだろう。23区のすみっこで、ちょうどよさそうな街で探すと、板橋区にある東武東上線の成増《なります》駅と、世田谷区にある京王線の千歳烏山《ちとせからすやま》駅がある。

2路線が使える成増、2大ターミナルへ行ける千歳烏山

成増駅も千歳烏山駅も交通の便のいい街である。成増駅は快速、急行、準急が停車し（東武では快速のほうが急行よりも停車駅が少ない）、普通列車の始発駅でもある。成増駅から快速、急行、準急に乗ると、次は終点、池袋駅。また、普通列車の始発駅なので、座席に座って池袋方面へ行ける。池袋駅には東武百貨店やルミネなどの大規模商業施設があり、買い物にも便利である。私鉄地下鉄など、5線乗り入れており、各主要駅にも容易に行くことができる。

また、成増駅にほど近い、東京メトロの地下鉄成増駅からは、副都心線方面や有楽町線方面へ向かうことができる。

これには意外なメリットがある。東京メトロは都心に広く路線網を有しているため、比較的割

安なメトロの運賃で都内のさまざまなところへ向かうことができる。それゆえにお財布にも優しければ、人を雇う企業にとっても交通費が少なくてすむ。雇用の形態で交通費が支給されない場合にもメリットは大きい。

23区のすみっこであっても、東京メトロにダイレクトにアクセスできるというだけで、これだけいいところがあるのだ。二つの路線を使い分けることにより、成増の利便性は増すであろう。

そんな成増駅の乗降人員は、5・8万人（2015年度）。地下鉄成増駅は、4・9万人（2015年度）。成増駅は2面4線の駅であり、普通列車の発着と、快速などの停車とうまく使い分けられている。地下鉄成増駅は1面2線である。

では、ライバルの千歳烏山駅は、どんな駅なのだろうか。

ホームは2面2線であるものの、準特急以下のすべての列車が停車する。なお特急は停車しない。それゆえに、乗降できる列車は多い。乗降人員は7・8万人である。

千歳烏山駅は、成増のように二つの路線を使えるわけではない。しかし、明大前で井の頭線に乗り換え渋谷へ、笹塚で京王新線・都営新宿線方面へと向かい新宿へと向かうことができる。乗降客数1位の新宿は乗り換え路線の多さもさることながら、2016年にはバスタ新宿も開業し、とても交通の便が良くなった。また、渋谷駅では駅ビルや百貨店のみならず、駅周辺には路面店も数多くあり、他のターミナル駅にない魅力がある。

また、新線新宿駅では都営大江戸線に乗り換えられるだけではなく、新宿三丁目駅で東京メトロ丸ノ内線、市ケ谷駅で東京メトロ南北線、有楽町線、JR中央・総武緩行線。九段下駅で東京メトロ東西線、半蔵門線。神保町駅で都営三田線など、数多くの乗り換え路線を持っている。

平日昼間ならおおよそ10分に1本程度、都営新宿線に乗り入れる列車がやってくる。たいていの場合は区間急行か快速で、急行の場合もある。

二つの路線が利用できる成増駅と、二つの巨大ターミナル駅にアクセスできる千歳烏山駅。どちらの駅も利点があり、決して不便なところではない。

お手頃家賃の成増、世田谷ブランドの千歳烏山

成増駅周辺の家賃相場は、住宅情報サイト「ホームズ」によると、一人暮らし用の1Kで6・3万円程度。家族用の3DKで11・2万円程度。一方、千歳烏山駅周辺の家賃相場は、1Kで7・3万円程度、3DKで12・9万円程度。千歳烏山は、世田谷ブランドがあるぶん、ちょっと高い。それでも、どちらも23区では住環境がよく、お得なエリアなのだ。

成増駅周辺には駅前スーパーは多い。西友、ダイエー、マルエツと3店舗もそろっている。駅の中には高級スーパー・成城石井もある。

一方、千歳烏山には大手では西友とライフがあり、他にオオゼキやシミズヤもある。また、商

店街も充実している。どちらも、暮らすのには悪くないところだ。

ただ、大規模な商業施設という点では、どちらもそれほど恵まれていない。ファッションビルなどがあるわけでもなく、そういったものを求めるならば電車に乗って都心へと向かわなくてはならない。

平日の終電は、成増駅は池袋0時45分発。地下鉄成増駅は池袋0時24分発。一方千歳烏山駅は、新宿0時34分発。いずれも都心に遅くまでいることのできる街ではあるが、成増駅のほうがやや遅い。

生活に不便はなく、交通の便もそれぞれよい成増と千歳烏山。23区のすみっこは、落ち着いて暮らすにはとてもいい場所だ。すみっこでも23区内に住みたい、それでいて交通の便もいいところという人は、終電が遅くまであり、家賃も安いほうが良ければ成増駅、世田谷ブランドにこだわるなら千歳烏山駅、ということになるだろう。

文／小林拓矢

三軒茶屋
（東急：田園都市線など）

下北沢
（京王：井の頭線など）

対決！ライバル駅 4
世田谷区内の人気タウン、今の勢いは？

三軒茶屋	VS	下北沢
132,845 ※世田谷線は除く	乗降人員（人）	WIN 228,387
2	乗り入れ（路線数）	2
WIN 渋谷駅：5分（東急）	ターミナル駅アクセス（駅：分）	渋谷駅：7分（京王）
9.47万	ワンルーム家賃（円）	WIN 8.25万
裏路地の隠れ家的バー	若者指数	劇団員、バンドマン
WIN 世田谷公園	住環境	駅周囲が賑やか

出所：2015年度各鉄道会社HP、2017年ホームズHPより編集部作成

三軒茶屋駅と下北沢駅は同じ世田谷区にあり、この二つの駅は茶沢通りをまっすぐ歩くと約30分ほどで到着する距離にある。三軒茶屋駅は東急田園都市線と世田谷線、下北沢駅は京王井の頭線と小田急小田原線と、両駅の路線はかぶっていないが、どちらも個性的な街として人気がある。

三軒茶屋駅周辺は大人が生活する街

三軒茶屋駅は、駅前に玉川通りが走っていて、西友やまいばすけっとといったスーパーが目に入る。また、キャロットタワーというシンボルタワーがあり、この中には東急ストアやTSUTAYAといった商業施設だけでなく、文化施設「世田谷パブリックシアター」や行政窓口もあるので、駅周りで生活に必要なことを済ませられる。駅周辺は洗練されつつも、路地に行くと下町的な雰囲気もあり、駅から少し歩くと、すぐに住宅街が広がる。同じ田園都市線沿線にある、子育て世代に人気の二子玉川駅とともに東急的な「上品な大人の、おしゃれな街」のイメージが強い。それを物語るかのように、大通りを一歩入ると、おしゃれなカフェや、こじんまりとして落ち着きのあるバーなどの飲食店が多く、著名人に人気の街、というのも納得できる。

若者が遊びに行く街、下北沢駅

下北沢駅と聞いてまず思い浮かぶのは、若者が多く、ごちゃごちゃとした街並みだろうか。確かにその一面もあるが、下北沢駅から西の方に行った代田《だいた》エリアは、世田谷でも屈指の高級住宅街である。しかしながら、昔から映画や漫画の舞台として取り上げられている〝下北〟のイメージからだろうか、今でも駅を一歩出ると若者の数がとても多い。

有名な本多劇場やザ・スズナリなどの劇場や、ライブハウスが多く、街を歩くと劇団員やバンドマンを見かけることの多いこの街は、近くに明治大学や東京大学などもあり、学生も下北沢に遊びにくる機会が多いのだろう。さらに個性的な服を取り扱う古着屋や雑貨屋、おしゃれなカフェなどが多く、買い物をするにも下北沢は学生に人気な街なのである。

家賃相場を見ると、単身者向けワンルームマンションの家賃相場は下北沢で8・4万円。三軒茶屋は同じ条件で9・2万円（どちらも2017年、ホームズ調べ）。距離は近い両駅だが、若干、下北沢のほうが価格が下がるので、単身者にとって魅力的な街だ。

また、下北沢駅周辺には、三軒茶屋駅のキャロットタワーのような、大きな複合型の商業施設などはなく、地元密着の商店街が強い街だ。駅周囲には下北沢一番街など6つの商店街が広がっている。また、大通りもなく、狭い路地はいつも若者で賑わっている、という印象だ。

交通面では新宿、渋谷に行ける下北沢がやや有利か

三軒茶屋と下北沢の、それぞれの交通網上の優位性はどうだろうか。

まず三軒茶屋駅は、東急田園都市線の急行停車駅である一方、東急世田谷線の始発駅でもある。世田谷線は、京王線の下高井戸に向かう路面電車規格の電車である。世田谷線への乗り換えスポットとしても、三軒茶屋駅は機能している。京王線の他にも、世田谷線の山下駅から、小田急小田原線の豪徳寺駅へも乗り換えることが可能だ。

田園都市線は、渋谷から東京メトロ半蔵門線に乗り入れ、さらに押上駅から東武線に乗り入れる。表参道駅では東京メトロ銀座線に同一ホーム上で乗りかえることができ、銀座線は虎ノ門駅や新橋駅、三越前駅、上野駅、浅草駅へと向かう。一方、半蔵門線は、永田町駅、神保町駅、大手町駅を経由する。この二つの路線で、都内の大多数の部分を確保できてしまうのだ。なお、三軒茶屋駅からは、田園都市線に並行して渋谷駅に向かうバスも多く発車している。

一方、下北沢駅は、小田急小田原線と京王井の頭線が交わる場所にある。京王井の頭線は、吉祥寺駅と渋谷駅を結んでおり、どこにも乗り入れていない。ただ渋谷駅では、ＪＲ山手線、東急田園都市線、東横線、東京メトロ副都心線、半蔵門線、銀座線と乗り換えることができる。

小田急小田原線は、新宿駅へ向かう電車と、代々木上原駅から東京メトロ千代田線に乗り入れる電車がある。こちらは赤坂駅や国会議事堂前駅、霞ケ関駅、大手町駅などへ向かうことができる。乗り入れの利便性もさることながら、新宿駅へ乗り換えなしでアクセスできることは大きい。

そして小田急線では、下北沢駅は快速急行や急行も停車する。このことが、下北沢駅の利便性をさらに高めている。小田急小田原線と京王井の頭線の二つの路線があることで、渋谷駅と新宿駅という、東京でも有数のターミナル駅に乗り換えせずにアクセスすることが可能だ。ちなみに、この三軒茶屋駅と下北沢駅を結ぶバスもある。駒沢陸橋から三軒茶屋駅を経由し、下北沢駅近くにある北沢タウンホールを結ぶ小田急バスの路線は、おおよそ12分に1本程度ある。

将来的な「暮らし」を重視するなら三軒茶屋駅

下北沢駅の乗降人員数は小田急線が11・4万人、京王線が11・4万人と、合わせて22・8万人（2015年度）。一方、三軒茶屋駅は田園都市線が13・2万人（2015年度）、もう一路線の世田谷線は駅ごとではなく、世田谷線全駅合わせての乗降人員数のみ発表されているので、三軒茶屋駅の乗降人員数に含めることができない。しかし、世田谷線の乗降人員数は、全駅合わせても約11万人（2015年度）なので、乗降人員数は下北沢駅が多いと推測される。

「独身文化の街」下北沢と「生活の街」三軒茶屋。さて、どちらに住むか——。

下北沢駅は先ほど述べたように、乗り換えることなく渋谷駅、新宿駅へ向かうことができる。しかし、下北沢駅地下化の問題がある。2013年に小田急小田原線の代々木上原駅—梅ヶ丘駅間の地下化が完成し、これにより「開かずの踏切」であった駅近隣の踏切が撤去され、踏切待ちの交通渋滞が解消された。またエレベーターが新設されたことで小田急線の全駅で係員の介助なく改札口からホームまで段差なく利用できるようになった。このようにメリットを聞くと問題があるようには思えないが、反対の声も多数挙がっている。

地上駅である京王井の頭線への乗り換えが5分以上かかり、通勤など1分1秒を争う利用者にとって大変不便になった。また、下北沢駅周辺の再開発の見直しを求める運動団体「Save the 下北沢」が発足するなど、駅地下化、さらに駅前再開発によって「シモキタらしさ」が失われてきたのも事実である。

「借りて住みたい街ランキング」（ホームズ）で２０１７年度は2位という快挙を見せた三軒茶屋に対し、下北沢は昨年度の14位に対し、２０１７年度は20位圏外となってしまった。それでも、今も若者が夢を持って集う「青春の街」下北沢の返り咲きに期待したい。

三軒茶屋駅は都心へ向かう路線は東急田園都市線のみだが、地下鉄と相互乗り入れをしていることで利便性を高めている。

渋谷へは電車一本、4分で着いてしまうという利便性を持ちながらも、少し歩くと世田谷公園という広大な公園があり、比較的静かな「大人の街」である三軒茶屋駅は、将来を見すえた「暮らし」を重視するには、魅力的な街であると言える。

文／小林拓矢

中野
（JR：中央線など）

浅草
（東武：伊勢崎線など）

中野	VS	浅草
132,845 ※メトロ東西線は除く	乗降人員（人）	WIN 228,296
3	乗り入れ（路線数）	WIN 4
WIN 新宿駅：4分（JR快速）	ターミナル駅アクセス（駅：分）	上野駅：5分（東京メトロ）
WIN 8.17万	ワンルーム家賃（円）	8.44万
中野ブロードウェイ	訪日外国人	WIN 浅草寺
881	駅周辺飲食店（件）	WIN 1801

出所：2015年度各鉄道会社HP、2017年ホームズHP、2017年食べログHPより編集部作成

対決！ライバル駅 5
新旧エンタメ街を有する駅を比較する

中野駅と浅草駅。一見共通点はないように思えるが、浅草駅周辺は言わずと知れた観光地であり、中野もサブカルチャーの聖地として、近年、日本国内はもとより、海外からの観光客に人気の場所となっている。双方、巨大ターミナル駅である新宿駅と上野駅から少しだけ離れている点も共通する。

立地面では浅草駅が利点が多い

中野駅はＪＲ中央・総武線と東京メトロ東西線からなる駅で、東西線の起点駅である。そのため東西線を利用すれば朝の混雑時でも、高田馬場駅や飯田橋駅、大手町駅といった乗降人員数ランキング上位の駅へ、座って通勤できる。また、中央・総武線は新宿駅、四ツ谷駅、御茶ノ水駅などを通るので、東西線と合わせれば、都内の主要駅を網羅することができるのだ。乗降人員数が中央・総武線で28・9万人、東西線で15・3万人（どちらも２０１５年度、ただし東西線の中野駅はＪＲの利用者も含まれるため、今回合計の乗降人員数からは除く）と、どちらの人員数も多いことからその人気の高さがうかがえる。

浅草駅は東武伊勢崎線、東京メトロ銀座線、都営浅草線と、これらの駅から少し離れた場所に、首都圏新都市鉄道つくばエクスプレスを有し、各方面へのアクセスが可能だ。銀座線では上野動物園や国立西洋美術館のある上野駅、浅草線では東京タワーの最寄り駅である大門駅を通るので、人気のスポットにアクセスしやすく、そのどちらも新橋駅を通ることから、通勤にも便利だ。そして東武伊勢崎線は東京メトロ日比谷線、半蔵門線、東急田園都市線との相互直通運転を行っているため、中野駅の乗り入れ路線以上に首都圏の所要駅を網羅しているとも言える。

乗降人員数は伊勢崎線が5・2万人、銀座線が10・3万人、浅草線が5・2万人、つくばエクスプレスが約2万人（いずれも2015年度）。合わせると約22・8万人となる。ただし、つくばエクスプレスのみ駅が500mほど離れているため、各社とも乗り換え駅とは案内していない。観光客で賑わいを見せている割に数がそれほど多くない理由として、徒歩圏内に東京スカイツリー駅などの駅があり、駅と駅の間隔が近いため利用客が分散した、という点が考えられる。

外国人観光客のニーズに応えているのはどちら？

中野駅前にある、中野ブロードウェイは「サブカルの聖地」として、以前から日本人の中では知られており、漫画やアニメなどの幅広いジャンルの店が数多く出店している。ここ最近の日本の漫画・アニメブーム「クールジャパン」の影響で、海外からの観光客の姿が多く見られるようになった。中野駅までは新宿駅から中央線の快速電車で5分ほどなので、成田空港からリムジンバスや成田エクスプレスで新宿まで来ると、すぐに到着するという近さも人気の理由だ。また、取り扱っている品も、秋葉原が今話題の漫画・アニメなどが主力であるに対して、中野ブロードウェイでは懐かしのおもちゃやフィギュアなど、「コアなファン」向けのものが多く取り扱われている点も、わざわざ日本に来て中野を訪れたい理由の一つになっている。

浅草ではそういった最新のカルチャーはあまり見られないが、やはり浅草寺をはじめとする「日本ならでは」の風景を体感しに、多くの外国人観光客が訪れている。下町情緒が漂う、この駅周辺はホームズの「海外の観光客に立ち寄ってほしいランキング（首都圏版）」では堂々の1位。日本人がおすすめする観光地でもある。また、東京スカイツリーや上野駅、秋葉原駅、東京駅など日本屈指の観光名所にも近く、浅草駅を起点として東京観光に行く旅行者も多い。駅周辺はホテルだけでなく最近はバックパッカー向けのゲストハウスも多く建ち並び、英語のメニューを置く飲食店も増えてきている。駅を出てすぐの場所に浅草文化観光センターがあり、その隣には外貨両替専門店もある。海外からの観光客を受け入れる体制は、浅草のほうが強いように思える。

外国人観光客のニーズは買い物や体験など、毎年変化はあるものの、「古き良き日本を体感したい」というニーズは何年経っても変わらないようである。やはり日本と言えばお寺、着物、歌舞伎などという概念は今でも多く持たれているようだ。

住環境では中野に軍配が上がる？

浅草駅は先ほど述べたように、乗り入れている路線が多い。多少歩きはするがターミナル駅である上野駅までも近く、交通の利便性はとても高い。一方、中野駅はＪＲと東京メトロの２路線だが、どちらも主要駅を通る、こちらも利便性は高い駅だ。

実際に住むとしたらどうだろうか。家賃相場で比較してみると、浅草駅はワンルームで８・４万円。中野駅は同じ条件で８・１万円（２０１７年度、ホームズ調べ）なので、家賃に関しては両駅はあまり差がない。

ここで駅周辺の環境について注目してみた。両駅を同じ縮尺の地図、範囲で見た場合、中野駅周辺は幼稚園・保育園が５つ、小・中学校が２つ、高校・大学・専門学校が５つ。浅草駅周辺では幼稚園・保育園が１つ。小学校・中学校が４つ。高校・大学・専門学校は０である。また、総合病院の数を見てみると浅草駅周辺は０だったのに対し、中野駅は３つであった。浅草駅は駅を出てすぐ東側に墨田川が流れているという立地なので、駅前と言えば雷門通りのある西側だけになってしまうが、教育機関や病院などの暮らしの面では北と南に開けている中野駅周辺の環境のほうが住みやすいのではないだろうか。

また、浅草は観光地なので飲食店は多いが、休日は大変混雑している。中野駅周辺は入り組んだ路地に飲食店がひしめきあっていて、人気グルメサイト「食べログ」で中野駅周辺の飲食店を調べてみると、８００件を超える飲食店が出てきた。ここに掲載されていない店も合わせるとその数はもっと多い。休日に混雑しすぎていて並ばないと食べられない、ということはないだろう。

東京オリンピックに向けての取りくみ

２０２０年の東京オリンピックに向けて、都内では様々な取り組みがなされている。浅草駅を有する台東区では区民向けに、イラストを交えて「おもてなしの心」「間違えやすいマナーや言葉づかい」「席次の重要性」などについて紹介するパネル展示を区役所で行った。海外からの観光客が多い台東区は、オリンピックで日本を訪れる海外からの旅行者をおもてなしする準備に余念がない。

一方、中野駅を有する中野区では、メダリストによる講演会や、横断幕の設置などが取り組みとして行われている。浅草はすでに観光地として国内外で有名だが、比較してしまうと、どうしても中野は浅草に一歩引けを取っている。

しかし、中野区では昨今「サブカルの聖地」として注目度が上がったことを受けて、外国人観光客向けのＰＲ動画を制作し、近隣のお寺、中野セントラルパークや人気店のラーメン屋を紹介するなど、中野ブロードウェイだけでなく、お寺や飲食店のアピールも行っているのだ。こういった活動を行うことで、中野への注目度がますます高まるのではないだろうか。東京オリンピックの相乗効果による集客にも期待したい。

文／編集部

大井町
（JR：京浜東北線など）

蒲田
（JR：京浜東北線など）

対決！ライバル駅 6

双方区役所最寄り駅で東急線の始発を持つ

大井町	VS	蒲田
424,685	乗降人員（人）	WIN 447,657
3	乗り入れ（路線数）	3
WIN 品川駅：3分（JR普通）	ターミナル駅アクセス（駅：分）	品川駅：9分（JR普通）
8.3万	ワンルーム家賃（円）	WIN 8.28万
WIN 羽田空港アクセス線西山手ルート	今後の利便性UP	蒲蒲線
アトレ	商業施設充実度	WIN グランデュオ、東急プラザ

出所：2015年度各鉄道会社HP、2017年ホームズHPより
編集部作成

大井町《おおいまち》駅と蒲田《かまた》駅は、性格がよく似ている。ともにJR京浜東北線をメイン路線とする駅で、東急線との接続があり、京急線との接続がない。大きな駅ビルを擁し、東西両側に市街地が開けている。また、大井町駅は品川区役所の最寄り駅（厳密には東急大井町線の下神明駅の方が近い）で、蒲田駅は大田区役所の最寄り駅である。

個人的には、蒲田は庶民の街、大井町は少し高級な街というイメージを持っている。蒲田駅が高低差の少ないひと続きの市街地内にあるのに対し、大井町駅は坂の上にあり、少し標高が高く「山の手」を連想させるためだろうか。また、大井町駅前、特に西側には街路樹のある通りや緑道などが整備されており、蒲田駅前に比べて空間に余裕を感じる。

区の歴史からそれぞれの駅が紐解ける

現在はよく似た性格に思える両駅だが、歴史をさかのぼると、違いは明白になる。大井町駅がある品川区は、東京23区が編成された１９４７年に、品川区（混同を避けるため、合併以前の品川区は以後「旧品川区」と記載）と荏原《えばら》区が合併して誕生した。大井町駅がある場所は、このうちの旧品川区。旧品川区は、１９３２年に品川町・大井町・大崎町の合併で誕生している。区名に象徴されるように、旧品川区の中心市街地は京急沿線の品川町（北品川駅〜青物横丁駅付近）であり、大井町は中心的存在ではなかった。

一方、蒲田駅がある大田区は、1947年に大森区と蒲田区が合併して誕生。大森区と蒲田区が同じくらいの規模であったことから、大森の「大」と蒲田の「田」を1字ずつ取って新区名としている。さらにさかのぼって蒲田区は、1932年に羽田町・蒲田町・矢口町・六郷町の合併で誕生している。区名が「蒲田」となったことから、4町の中で蒲田町が中心的存在だったことが分かるだろう。つまり、1932年に東京35区が編成された時点で、大井町は区の中心的存在ではなく、蒲田は中心だったのだ。

したがって、駅の開業も蒲田駅の方が少し早い。1904年に、国鉄東海道本線の駅として開業している。大井町駅は、京浜線（現・京浜東北線）の運行が開始された1914年の開業だ。しかし、これは旅客駅としての開業。東海道本線と山手支線（大崎〜大井町）の接続ポイントとしての「大井聯絡所」は、蒲田駅よりも早く1901年に開設されている。山手支線は、日清戦争における軍需目的で建設され、終戦後にいったん使われなくなったが、のちに貨物列車運行のために再整備された。大井町は鉄道運行上の要衝であり、連絡所として開設され、のちに旅客駅に格上げされたのである。

なお山手支線は、品川駅構内に貨物操車場が整備されたことに伴い、1916年に廃止になっている。近年になって東京高速臨海鉄道りんかい線が開通し、大崎・大井町間直通路線が誕生したが、これはむしろ山手支線の「復活」であると言えるかもしれない。

大井町と蒲田、勝敗は新線の開通にかかっている!?

次に、乗降客数で比較してみよう。ＪＲ・東急線は、どちらも蒲田駅の方がだいぶ多い。しかし、これにりんかい線を加えると、その差はぐっと縮まる。りんかい線は年々利用者が増加しているので、将来的には逆転する可能性も秘めている。

逆転するか、それとも蒲田が二の足を使って引き離すか。そのカギになるのは、両駅を通る新線の開通が実現するかどうかにかかっているだろう。目下どちらの駅も、羽田空港へのアクセスを視野に入れた新線建設構想の渦中にあるのだ。

大崎駅からりんかい線に入って大井町駅を経て、遊休状態にある東海道貨物線に乗り入れて羽田空港へ乗り入れる「羽田空港アクセス線西山手ルート（仮称）」は、２０００年に運輸省の答申で初めて構想が取り上げられた。２００２年にＪＲ東日本が東京モノレールを子会社化したことでいったん棚上げになったが、東京オリンピック・パラリンピックの招致が決まった２０１３年ごろから議論が再燃している。単純に羽田空港へアクセスするというだけでなく、ＪＲ東日本がりんかい線の株式を買収することによる単一運賃体系での運行、りんかい線とＪＲ京葉線の直通運転化なども構想に含まれており、近い将来には大井町駅の利便性が飛躍的に高まる可能性がある。さすがに3年後に迫っている東京五輪に間に合わせるのは難しいだろうが、２０２４年には全線開業が可能と報じられている（オリンピックに合わせて暫定開業させる構想もあったが、その後取り下げられている）。

池袋周辺に住む私にとって、羽田空港は近いようで遠い存在である。浜松町駅でモノレールに乗り継ぐと、距離的に遠回りであり、時間もかかる。品川駅で京急線に乗り換えるルートも同様だ。りんかい線を経由して天王洲アイル駅でモノレールに乗り換えれば距離的には近くなるが、運賃が高くなり、天王洲アイル駅では一度駅の外に出ての徒歩接続になるため、やはり時間がかかる。距離的には圧倒的に遠い成田空港の方が行きやすいと感じるほどなのだ。ＪＲ埼京線から直通で羽田空港へアクセスできるようになれば、池袋・新宿・渋谷といった副都心エリアの莫大な需要を獲得できるだろう。

２０１５年３月に東京都が公表した「広域交通ネットワーク計画について（中間まとめ）」では、当該路線はもっとも優先順位の高い「整備について優先的に検討すべき路線」の一つに選ばれ、同年７月の「広域交通ネットワーク計画について（まとめ）」においても「特に効果が期待できる」とされている。現実味が、いよいよ色濃くなってきているのだ。ただ、「整備について優先的に検討すべき路線」に選ばれた５路線の中に、30年近くにわたって議論されているもののいっこうに進んでいない都営大江戸線の光が丘以西延伸計画も含まれているのが少し気になるところではある。

「蒲蒲線《かまかま》」に注がれる大田区民の熱いまなざし

蒲田駅はどうか。こちらも、羽田空港へのアクセスを視野に入れた「蒲蒲線」の構想がある。その歴史は古く、大田区が1987年に整備調査を始めている。東急多摩川線を東へ延伸し、京急蒲田駅を経て京急空港線へ乗り入れるという構想だ。蒲田駅を通さず、東急多摩川線矢口渡《やぐちのわたし》駅から直接、京急空港線大鳥居《おおとりい》駅へ接続する案や、京急蒲田駅付近に新駅(新蒲田駅または南蒲田駅)を設置して京急空港線に乗り入れる案などもある。新線の整備区間が短いため実現性が高そうに思えるのだが、実際には建物密集地域のため地下を通す必要があり、整備費が高額になる。また、東急多摩川線からの直通列車を通すことによって京急各線の乗客が減少する可能性があり、鉄道事業者間の調整も難航している。多くの課題に直面し、なかなか進捗していないのが実情である。

2015年3月の東京都の「中間まとめ」および「まとめ」では、蒲蒲線構想は羽田空港アクセス線の「整備について優先的に検討すべき路線」よりもワンランク下の「整備について検討すべき路線」にとどまった。実現可能性として、羽田空港アクセス線よりも低いということになる。副都心エリアを中心に広域をカバーする羽田空港アクセス線に比べて、蒲蒲線は開通によって恩恵を受ける人口が少ないためだ。

文／鈴木弘毅

東のディープタウンと流行発信地を比べる

対決!ライバル駅7

新小岩
(JR:総武線など)

清澄白河
(東京メトロ:半蔵門線など)

新小岩	VS	清澄白河
WIN 148,270	乗降人員(人)	92,618
2	乗り入れ(路線数)	2
秋葉原駅:14分(JR普通)	ターミナル駅アクセス(駅:分)	WIN 大手町駅:7分(東京メトロ)
WIN 6.5万	ワンルーム家賃(円)	9.56万
421,602(葛飾区)	2035年の人口(人)	WIN 493,010(江東区)
ホッピー	飲み物	コーヒー

出所:2015年度各鉄道会社HP、2017年ホームズHP、2017年東京都HPより編集部作成

明治に鉄道が開業して以降、東京は西へ西へと市街の範囲を拡大してきた。特に、〝西側諸国〟が勢力を拡大するターンイングポイントとなったのが関東大震災だ。関東大震災は家屋が密集する〝東側諸国〟で多くの死傷者を出したが、〝西側諸国〟での被害は軽微だった。そうした背景もあり、東京の西側には大正から昭和にかけて高級住宅街が形成され、高度経済成長期に入ると人口増加の受け皿となるニュータウンが出現する。いわゆる東京の「西高東低」が加速する。

こうして西へと発展してきた東京の姿は、ここにきて大きく転換しようとしている。人口減少、特に生産人口の減少によって都心部の不動産に余裕が生まれたことで、港区・千代田区といった都心回帰の現象も見られる。

そうした都心回帰現象と連動して新たに注目されているのが、これまで日の当たらなかった東京のイーストエリア、〝東側諸国〟の駅だ。

つくばエクスプレスの開業によって交通至便となった足立区の北千住駅は一躍、注目エリアとなり、北千住以外の〝東側諸国〟にも注目が集まるようになった。例えば、再開発が進む両国、以前から東側諸国の盟主だった錦糸町、スカイツリーのお膝元でもある業平《なりひら》橋・曳舟《ひきふね》、おしゃれな店が並ぶ蔵前といった具合だ。まだ、新宿や渋谷、二子玉川、中目黒といった古豪に勝てる存在にまで成長していないが、この勢いで街が発展すれば、いずれ〝西側諸国〟を凌駕する存在になるかもしれない。

葛飾区民と江戸川区民が利用する新小岩

そんな急成長を遂げる〝東側諸国〟の中でも、ライバルとして互いに意識している駅がいくつかある。その中でも、葛飾区の新小岩は総武線の快速と各駅停車が発着する駅として急成長を遂げている。新小岩駅は葛飾区に立地しているが、江戸川区役所の最寄駅（と言っても駅から徒歩20分程度の距離がある）になっているため、駅周辺の商業施設を利用している人の多くは江戸川区民だと思われる。

そのため、新小岩駅は葛飾区民と江戸川区民が利用しており、1日の平均乗車人員も1998（平成17）年から増加に転じ、2006（平成18）年には7万人台を回復。その後、増減を繰り返しながらも微増をつづけ、2015（平成27）年には7万4000人台を突破した。

先にも触れたように、新小岩駅は総武線の新快速が停車することから、東京駅へのアクセスもよく、近年は子育て世帯が増加しているという。その背景には、江戸川区が実施している独自の子育て支援策にある。江戸川区では待機児童問題を解消するために、働くママが0歳児の赤ちゃんでも預けられる〝保育ママ〟制度を早くから導入しているほか、従来では小学3年生までしか預けることができなかった学童についても年齢制限を撤廃。広く区内の子供たちを受け入れることで、女性の社会進出をも後押ししている。そうした独自の育児支援策と立地が、丸の内や日本橋などで働くビジネスパーソンから高い評価を受けている。

一方、新小岩駅が立地している葛飾区も新小岩駅の活用を模索している。葛飾区の鉄道網は、常磐線、京成線や総武線東西に延びている路線ばかりで、南北に移動できるのは金町駅－京成高砂駅を結ぶ京成金町線しかなかった。そのほか、金町駅－新小岩駅間を結ぶ線路はあるものの、同区間は貨物専用線（通称：新金線）になっている。新金線は現在も貨物列車が1日に3本程度運行されているが、葛飾区はその貨物専用線を活用するべく、貨物列車が運行されていない合間の時間にＬＲＴ（新型路面電車）を走らせることで南北移動の不便を解消しようとしている。隣の江東区でも貨物専用線の越中島支線をＫＲＴに転換して区内交通の充実を図ろうと計画していた過去があるが、江東区のＬＲＴ計画は小康状態になっており、目立った進展は見られない。

江東区が越中島支線のＬＲＴ転換にそれほど熱心ではない理由は、それよりも東京メトロの豊洲駅から分岐して東陽町駅－住吉駅－押上駅－亀有駅のルートで検討されている地下鉄8号線を優先しているからだ。

再開発によってタワーマンションが林立するようになった豊洲駅一帯は銀座からも近いという理由から、若年人口の急激な増加が見られる。

今般、地方都市は少子高齢化に悩まされつつあるが、その波は東京にまで押し寄せている。しかし江東区は人口減少と無縁で、1998（平成10）年以降は、毎年3000人以上のペースで人口が増加している。特に、2006（平成18）年と2010（平成22）年に至っては、1万人以上という驚異的な増加を示している。

そうした若年人口の流入により江東区全体に活気が溢れており、江東区役所のある東陽町駅、旧来から江東区の中心として栄えてきた門前仲町駅なども人気が急上昇している。

旧来から栄える東陽町や門前仲町に対して、清澄白河駅は江東区内では都市開発が抑制的だったこともあって光が当たることが少なかった。

〝文明開化〟を果たした清澄白河は目指される存在に

そんな清澄白河が、ここ十数年の間で急速に伸びを見せている。清澄白河が、発展する最初のきっかけになったのは、2000（平成12）年の都営大江戸線の駅が開設されたことだろう。

それまで清澄白河の駅周辺部は、小さな町工場がひしきめく準工業地といった趣《おもむき》だった。大江戸線の駅が開業したことで、清澄白河から再開発で急速発展を遂げた汐留駅・六本木駅などと一本で移動できるようになった。大江戸線に加え、2003（平成15）年に水天宮前駅止まりだった東京メトロ半蔵門線が押上駅まで延伸開業。大江戸線と半蔵門線の交点となる清澄白河駅にも半蔵門線の駅が設置されることになり、交通アクセスはさらに向上。これが、清澄白河の発展に拍車をかけた。

大江戸線・半蔵門線という、二つの黒船襲来によって〝文明開化〟を果たした清澄白河は、それまで江戸情緒を残していることがウリでもあった。

そうした江戸情緒のある清澄白河駅周辺だが、歳月を経るごとに高層マンションがひしめくようになり、新住民が増えつつある。

さらに、清澄白河の〝文明開化〟を後押ししたのが、サードウェーブコーヒーの代名詞的存在だった「ブルーボトルコーヒー」が日本初となる店舗をオープンさせたことだった。

ブルーボトルコーヒーが清澄白河に出店したことで、清澄白河は〝コーヒー激戦地〟〝コーヒータウン〟としてメディアから取り上げられる回数が急増。これまで〝東側諸国〟の動向に見向きもしなかった〝西側諸国〟も対抗意識を燃やすようになっている。特に、渋谷のお膝元でもある池尻大橋は「清澄白河につづけ！」とばかりに〝西側諸国〟のコーヒータウンを自認する存在として名乗りを挙げているが、話題性は清澄白河には及ばない。

〝東側諸国〟と〝西側諸国〟のパワーバランスは、ここ数年で変化が生じつつある。それは新小岩と清澄白河だけの力によるものではないが、両駅はそうした地殻変動をけん引する存在になりつつある。

文／小川裕夫

対決！ライバル駅8

埼玉の中心、盟主をめぐる戦い

大宮
（JR：京浜東北線など）

浦和
（JR：京浜東北線など）

大宮	VS	浦和
WIN 634,664	乗降人員（人）	175,300
WIN 8 ※新幹線は除く	乗り入れ （路線）	5
池袋駅：24分 （JR快速）	ターミナル駅 アクセス（駅：分）	WIN 池袋駅：20分 （JR快速）
6.56万	ワンルーム家賃 （円）	WIN 6.48万
大宮アルディージャ （年間56得点）	サッカー （年間得点）	WIN 浦和レッズ （年間74得点）
WIN 大宮高校・理数 （71）	進学校 （偏差値）	県立浦和・普通 （70）

出所：2015年度鉄道各社HP、2017年ホームズHP、2017年JリーグHP、2017年家庭教師のトライHPより編集部作成

2001年、旧大宮市と旧浦和市、旧与野市が合併して、さいたま市が誕生した。念願の政令指定都市となったわけだが、以前も、そして以後も、浦和と大宮では対立が絶えず、大きな危険をはらんだ合併となった。

そもそも、浦和・大宮が町だった昭和6年から合併構想はあったが、浦和・大宮の両役場の仲が悪いために交渉は決裂し、お互い単独で市制施行となったのである。以後、県庁所在地である浦和市は県都として行政機関が集中し、文教都市として栄えてきた。氷川神社の門前町・大宮は、古くから商工業が盛んだったが、明治時代に国鉄大宮工場ができたことにより鉄道の街として大躍進。交通の要衝となり、商都として繁栄を誇ってきた。上越・東北新幹線開業で駅ビル、駅周辺に大型商業施設ができると、埼玉を代表する街としての地位を確固たるものとした。こうして、それぞれ独自に発展してきた両市の合併は、いわば呉越同舟《ごえつどうしゅう》の様相を呈し、さまざまな局面で熱いバトルを繰り広げている。駅もその例外ではない。

大宮駅は県内No.1のターミナル駅、浦和は分身の術で対抗

駅の規模は、新幹線も止まる県内No.1のターミナル駅・大宮駅が浦和駅を圧倒する。京浜東北線、宇都宮線、湘南新宿ライン、高崎線、埼京線、川越線、東北・山形・秋田・上越・北陸新幹線、東武野田線、埼玉新都市交通伊奈線など13もの線が乗り入れているのだ。対して、浦和駅は

京浜東北線、宇都宮線・高崎線、新宿湘南ライン、上野東京ラインのみの停車駅。比較にならないほどの格差がある。

しかし、「浦和」と名のつく駅の数では大宮を圧倒するのである。これはまた、さいたま市を訪れる人を混乱に陥れる「どこ浦和駅?」問題でよく知られていることだが、列挙すると、JRの浦和駅、東浦和駅、南浦和駅、西浦和駅、北浦和駅、中浦和駅、武蔵浦和駅、そして埼玉高速鉄道の浦和美園《うらわみその》駅と計8駅。対する大宮はJR大宮駅と東武野田線・大宮公園駅のみ。「比較の基準としてどうなの?」という突っ込みも覚悟しつつ、浦和の総力戦を讃えたい。

エスタブな浦和、先進の大宮

それぞれの駅を代表する施設数で比較してみると、浦和駅周辺には埼玉県県庁、さいたま地方裁判所、県立図書館、県立美術館、埼玉県警、テレビ埼玉、NHKさいたま放送局、FM浦和、埼玉会館などがある。県庁所在地ゆえに当然といえば当然なのだが、エスタブリッシュメント感にあふれたラインナップだ。

いっぽうで、大宮駅周辺には鉄道博物館やさいたま市大宮盆栽美術館、プラネタリウムが見られるさいたま市宇宙劇場などが入ったJACK大宮がある。また、ユニークなプログラムで県外にもファンを多く持つFM局NACK5のサテライトスタジオを要する駅前ビル・アルシェには、人気タレントの出待ちのファンがたむろする。大宮は、斬新かつマニアックな施設が目白押しなのだ。とどめは２００７年に開館された鉄道博物館。東京・秋葉原駅近くの交通博物館の閉館に伴って大宮に新設された「てっぱく」は「鉄道の街」大宮だからこそ成功した誘致だろう。

商都・大宮をイメージ戦略で浦和が猛追

女性にとって大切なのが商業施設の充実度。駅前のショッピングビルといえば、浦和は浦和コルソ、伊勢丹浦和店、浦和パルコ。大宮には、ルミネ大宮店、そごう大宮店、大宮タカシマヤがある。昔は商業施設数は大宮の方が断然多かったが２００８年に浦和住民待望の浦和パルコができたことから、浦和駅前は西口、東口ともに大型商業施設がそろい、環境的には商都・大宮と肩を並べたようなかたちだ。そのうえ、女性目線では「行ってみたい」と感じさせてくれるハイクラスなショップも多い。エスタブな街・浦和の面目躍如といったところで、今では一歩リードしている感もある。

しかし、売上高を見てみると、圧倒的に大宮に軍配が上がる。これは乗り入れ路線の数で明白なように、乗降客数に雲泥の差があるため仕方のない結果だ。また、門前町につきものの繁華街の影響も大だろう。浅草と吉原の例にもあるように、昔から寺院と歓楽街は切っても切れない縁がある。氷川神社への参拝客が降り立つ東口には通称ナンギンと呼ばれる大宮南銀座、キタギンと呼ばれる北銀座があり、一大歓楽街を形成している。こうした歓楽街の存在が大宮の盛況を呼んでいるのも事実だろう。

現在、大宮駅の東口は再開発計画が進み、レトロ感あふれる商店街は姿を消す可能性が高い。健全な街づくりは積極的に推進してもらいたいものだが、人のぬくもりを感じさせてくれる個人商店が姿を消し、地方都市にありがちな画一的な駅前の姿になってしまうのは悲しいことだ。

大宮・浦和両駅ともに、地元民が誇る歴史を反映した成長を望みたい。

ツートップで成長する政令指定都市を目指して

北陸新幹線の開業で大宮駅は埼玉県の中央駅としての地位をさらに固めることとなった。しばらく大宮駅がその地位を脅《おびや》かされることはないだろう。現段階での〝駅対決〟は、大宮駅の圧勝という結論を下すほかはない。そもそも鉄道の街として成長を遂げてきた大宮の象徴的存在の大宮駅である。大宮は王座を明け渡すつもりは毛頭ないだろう。交通の要衝として多くの人々が行きかってきた大宮には、人を呼び込む懐《ふところ》の広い街の遺伝子が息づいているのだ。

いっぽうで、浦和駅は文教都市という街のＤＮＡが大宮とは違った街づくりを準備するだろう。規模的拡大ばかりが注目される浦和駅だが、箱に入れる中身は大宮とはずいぶん異なるに違いない。従来の埼玉のイメージを払拭してくれるような駅の誕生を期待したい。

個性が乏しいと言われて久しい埼玉県念願の政令指定都市さいたま市。その主要駅として、浦和駅、大宮駅ともに自らの個性を生かした駅づくりに邁進し、日本に誇るユニークな都市づくりに貢献してほしいものだ。

「さいたまダービー」は浦和VS大宮の代理戦争

浦和レッズと大宮アルディージャが激戦を繰り広げる「さいたまダービー」は、サッカーファンなら誰もが知るところだろう。浦和レッズのホームグラウンド・埼玉スタジアム２００２と大宮アルディージャのホームグラウンド・ＮＡＣＫ５スタジアム大宮で行われる年２回の決戦は、さいたま市民を二分した応援合戦が繰り広げられ、大宮と浦和の意地と意地のぶつかり合い、浦和派と大宮派の代理戦争とも言われるものだ。Ｊ１優勝争いの常連・強豪の浦和レッズ、Ｊ１とＪ２を行き来することの多かった大宮アルディージャでは、歴史、実力、規模ともに格差は歴然としている。しかしここ数年、大宮アルディージャが浦和レッズと互角の闘いをしているのだ。浦和にだけは負けたくないという気持ちがプレーヤーのミラクルを呼ぶのかもしれない。とはいえ、そもそも大宮アルディージャの前身はＮＴＴ関東サッカー部として浦和で結成されたチームなのである。結局のところ、浦和と大宮は、お互いがあってこその存在なのである。

文／編集部

対決！ライバル駅 9

周辺の巨大商業施設はどっちの勢力圏？

海浜幕張
（JR：京葉線など）

船橋
（JR：総武線など）

海浜幕張	VS	船　橋
126,450	乗降人員（人）	WIN 481,113
1	乗り入れ（路線数）	WIN 4
東京駅：35分（JR快速）	ターミナル駅アクセス（駅：分）	WIN 秋葉原駅：31分（JR普通）
7.8万	ワンルーム家賃（円）	WIN 6.6万
三井アウトレットパーク	商業施設充実度	西武、東武百貨店
WIN 幕張メッセ・イオンモール幕張新都心	象徴	ららぽーと（南船橋駅）

出所：2015年度鉄道各社HP、2017年ホームズHPより編集部作成

千葉県の中心となる駅はどこかと問われると、まず千葉駅が挙げられるが、湾岸地域の開発が進んだことで、それ以上の存在感を示すのが海浜幕張駅と船橋駅だ。地域的にいうと幕張新都心と船橋市の湾岸寄りと言えるだろう。成長著しい千葉の2地域を代表する駅として、本稿ではその2駅を選択した。いずれも東京駅まで25〜30分ほどに位置する。

船橋駅前には、東武百貨店や西武百貨店など名門百貨店があり、加えて総合デパートである船橋FACE、イトーヨーカドーもあって買い物に不自由することはない。一方の海浜幕張駅には2000年に開業した三井アウトレットモールパーク幕張がある。その周辺には高級ホテルが建ち並び、日本を代表するコンベンション施設である幕張メッセ、千葉ロッテマリーンズの本拠地であるZOZOマリンスタジアムなど、千葉県を代表する施設がある。

この状況だけを見ると、充実した駅前でありながら、船橋駅のほうが格下のようにも思えるが、この2駅の関係は、そう単純ではない。

まず、1日平均の乗降客数に圧倒的な差がある。JRの乗車人員数だけで見ても、6・3万人（乗降人員だと約2倍の12万人）の海浜幕張に対して、船橋駅はその2倍の13・7万人。吉祥寺、恵比寿に次いで23位に位置しており、首都圏のJR駅でも上位だ。ちなみに、船橋駅の隣駅である西船橋駅が24位で13・4万人。海浜幕張駅の隣駅、新習志野が1・3万人、幕張新都心のもう一つの最寄り駅、幕張本郷駅が2・7万人ほどで〝船橋連合〟の強さが際立つ。

商業施設も充実しつつ、住宅街としても多くの人を集める船橋駅に対して、派手な商業施設が数多くあり、かつ高級住宅地も擁しながら乗車人員数で後れをとる海浜幕張駅という構図だ。

ららぽーとTOKYO-BAYはどちらの駅の圏内なのか

この2駅の差を考えるとき、もう一つ悩ましい存在の巨大施設がある。千葉県民に「これさえあれば東京に行く必要なし」と言わしめる日本屈指の巨大ショッピングセンター、ららぽーとTOKYO-BAYだ。首都圏各地にあるららぽーとだが、TOKYO-BAY（船橋）が第1号店であり、今なお最大規模であり、年間2000万人以上を集客する。すぐ隣にはIKEAの日本再上陸第1号点のIKEA Tokyo-Bay（船橋）がある。

このららぽーとの最寄り駅となるのが京葉線の南船橋駅だが、〝船橋連合〟に組み入れるには、船橋駅からのアクセスが悪い。総武線から交差せずに並走する京葉線に乗り継ぐ必要があるためだ（いったん武蔵野線に乗り換える必要がある）。一方、海浜幕張駅からは2駅なのでアクセスは容易だ。

南船橋駅の乗車人員数は2・1万人と多くはないが、特筆すべきは定期外の乗客のほうが定期利用客より上回るということ。つまり、住民よりよそから来る客のほうが多い。南船橋駅自体の知名度は低いので、遠方から来る客にとって、「どちらの駅の近く」と認識されているのか。船橋市にある施設なので船橋駅に軍配が上がりそうなものだが、そもそもこの2つの施設が、船橋ではなくTOKYO－BAYを名乗るという悲しい事実もある……。加えて、広大な駐車場が併設されているので車で来る客も多く、その点で駅はあまり意識されていないとも考えられる。

また、千葉の湾岸地域に新たなスターが登場した。2013年開業のイオンモール幕張新都心だ。海浜幕張駅が最寄り駅だが、それでもバスで8分かかる（徒歩だと17分）。総武線の幕張本郷駅からはバスで19分なので、総武線沿線住民ならば幕張本郷駅から直接イオンに向かうだろう。

今おな成長を続ける千葉の湾岸地域だが、その成長を支えるのは単独で多くの集客を見込める大型店舗ばかりだ。ゆえに街のランドマークとして君臨する駅の存在感も薄れてはしまう。

海浜幕張駅と船橋駅の距離は、直線でおおよそ10㎞ほどだ。その10㎞の間にここ10年でさまざまな商業施設が建設されてきた。あまりに建ち並び、船橋と幕張という境目があいまいにすらなってきている。

2章ではライバル駅の動向を探ってきたが、この2駅に関しては対決の構図が少々異なる。駅自体では3つの鉄道会社が乗り入れ乗車人員も船橋駅の圧倒的な勝利だろうが、もう少し俯瞰してみると、海浜幕張駅も周囲の商業施設に支えられて駅の格が上がっている。ただし、街の中心地としてより、大型施設の「最寄り駅」として存在するのか、その分かれ目の時期でもある。

文／編集部

山手線29駅の駅力を診断する

東京の中心を担う有力駅間での比較

文／編集部

乗車人員ベストRANKING

順位	駅名	乗車人員(人)
1位	新宿	760,043
2位	池袋	556,780
3位	東京	434,633
4位	渋谷	372,234
5位	品川	361,466

乗車人員ワーストRANKING

順位	駅名	乗車人員(人)
1位	鶯谷	24,447
2位	目白	38,008
3位	新大久保	41,746
4位	田端	45,954
5位	駒込	46,998

出所：2015年度、JRのHPをもとに編集部作成

山手線新型車両E235系

全国の有力駅と山手線各駅との比較

山手線の各駅の駅力を見るために、乗車人員数の近い、東京以外のＪＲ各社の駅（いずれも２０１５年度）と比較してみた。

乗車人員数1位の新宿駅は、日本のみならず、世界でも乗車人員数は1位。２位池袋駅も同様で、西日本における乗車人員数1位の大阪駅43万人より、約10万人以上多い数字となっている。その大阪駅とほぼ同じ数字だったのは東京駅。東京駅は、乗車人員数ランキングでは3位だが、新幹線利用者も考慮すると、駅利用者の数字はもっと増加すると考えられる。

今回、比較してみてもっとも驚いたのは、日本でも有数の観光地であり、世界中から観光客が訪れる京都駅より、山手線では第8位の高田馬場駅のほうが、乗降人員数が多かった点である。京都においては、バスを利用して移動する観光客が多いため、交通機関利用者が分散していることが考えられるが、それにしてもＪＲの他に私鉄2線のみしか乗り入れしていない高田馬場駅が、京都駅より２０００人も乗降人員数が多いとは驚きである。

他にも、九州最大の都市・博多駅の乗降人員数11万人や、北の大都市・札幌駅9万人も、山手線に置き換えると、乗降人員数13万人の五反田駅や9万人の西日暮里駅と同等なのである。

そして、山手線において最も乗降人員数の少ない鶯谷《うぐいすだに》駅でさえ、新幹線停車駅である長野駅よりも、3000人も多い結果となるのだ。

オフィス街から空へ

内閣府の調べによると、都道府県別大規模本社数（本社従業者が300人以上）の割合は、約34％を東京が占めている。次点の大阪府が約9％なので、圧倒的である。

特に、東京駅周辺は多くのビジネスパーソンで賑わっている。新橋駅の乗車人員数26万人のうち、定期券利用者は16万人なので、駅利用者の半数以上がビジネスパーソンでないかと推測される。新橋駅の隣、有楽町駅はビジネス街である一方、歩いてすぐの場所に銀座駅があるので、駅の利用者は定期外が7万人、定期利用者は9万人と、通勤利用者のみならず観光客や買い物客も多いことが推測される。

浜松町駅は空の玄関口、羽田空港にモノレールでアクセスできる。2002年から京浜東北線の快速列車が停車し、空港への乗り換えがより便利になった。一方、成田空港へは、日暮里駅から京成線のスカイライナーを利用すると最短36分という驚くべき速さで到着する。

山手線の学生街と住宅街

日本有数のマンモス校、早稲田大学の最寄り駅の高田馬場駅。東京メトロ東西線、西武新宿線の高田馬場駅もあり、乗車人員は20万人と、山手線の中でもターミナル駅に次いで利用者が多い。西日暮里駅は、開成中学校・高等学校の最寄り駅だが、開成高校の偏差値は75と国内トップレベル。なんとも「学力」の高い駅である。

続いて住宅街を見てみよう。山手線の住宅街は、庶民派から高級派まで存在する。目白駅は代々、皇族が通う大学として知られている、学習院大学の最寄り駅。池袋駅と高田馬場駅という雑多な駅に挟まれている目白駅だが、周辺には閑静な住宅街が広がっている。また、五反田駅の周囲は歴史ある高級住宅街として知られている。近くには東京メトロ南北線、都営三田線の白金台駅があり、皇后美智子さまの生家跡地「ねむの木の庭」がある。

一方、大塚駅は庶民的な町であり、池袋駅まで一駅という好条件ながらも、ワンルームの家賃の相場は約8万円（2017年ホームズ調べ、以下同）と、山手線の中でも安い。同様に駒込駅も池袋駅まで近く、家賃の相場は同じく約8万円。乗車人員は大塚駅が5万人、駒込駅が4万人と少なく、山手線の沿線に部屋を借りたいのであれば穴場としておすすめの駅だ。

鉄道力の高い駅

大崎駅はりんかい線の起点でもあり、埼京線は新宿駅や恵比寿駅を通過したのち、この駅からりんかい線に直通する。山手線の車両基地がある駅ともなっているためか、大崎駅はホームが大変多い駅となっている。山手線を1番線から4番線までが使い、5番線をから8番線を湘南新宿ラインや埼京線、りんかい線が使用している。

田端駅もまた「鉄道力」が高い。乗車人員は4万人と少なく、駅自体は京浜東北線と山手線しか停車しないものの、JR東日本の東京支社があるだけではなく、JR貨物の田端信号場駅があり、貨物の一大拠点となっている。

東京のカルチャー街をけん引する駅たち

北の玄関口だった上野駅も上野東京ラインの開通によって通過駅となり、乗車人員は2014年度と比べると、2015年度は8000人減少。今後が心配であるが、上野には世界遺産に登録された国立西洋美術館や国立博物館など歴史ある建造物がたくさんあるため、休日には大勢の観光客で賑わいを見せている。そんな上野駅の隣にある鶯谷駅は、山手線の中で乗車人員は一番少ないが、これは南口には霊園が広がり、住宅や商業施設などがないこと、上野駅や日比谷線の入谷駅が近く、利用者が分散されていることが考えられる。

また、アメ横は上野駅でおなじみだが実は御徒町駅からのほうが近い。御徒町駅北口を出るとすぐ横丁の入り口となっている。この街にはコリアンタウンもある。山手線のコリアンタウンといえば新大久保駅出てくるが、実は東京で一番古いコリアンタウンは御徒町だと言われている。

歴史ある文化の発信地と比べ、ここ最近のジャパニーズカルチャーの発信地といえば、原宿駅と秋葉原駅が有名だ。秋葉原駅は「萌え」の街としても知名度を上げていき、2005年にはつくばエクスプレスが開業。2000年には乗車人員13万人だったが、2015年には24万人と倍近い数字になっている。

若者の街といえば原宿駅だが、実は乗車人員は「おばあちゃんの原宿」として知られる巣鴨駅の乗車人員より3000人ほど少なくなっている。

新駅に寄せられる期待

JR東日本は2014年、田町駅と品川駅の間に新設する新駅の概要を公表した。山手線と京浜東北線の駅として、2020年春に暫定開業させる予定だが、これには田町－品川の車両基地であった「田町車両センター」の跡地、約13万㎡が使用される。JR東日本はこの一大事業に5000億円を投じ、商業施設やオフィスビル、ホテルなど8棟建設するという。この大事業はもちろん、将来品川に開業予定のリニア駅を見据えてのことだろう。また、同年に東京都は「品川駅・田町駅周辺まちづくりガイドライン2014」を発表。都は再開発地について「大手町・丸の内・有楽町に並ぶ拠点として格上げし」との文言を入れ、新駅周辺の注目度が高まっている。それを裏付けるかのように、品川は「買って住みたい街ランキング」では4位、「借りて住みたい街ランキング」では9位（2016年度、ホームズ調べ）と、人気が高まっている。

再開発が進む、人気の街

さきほどのホームズのランキングで、目黒駅と恵比寿駅は「買って」「借りて」どちらにも20位以内にランクインしている。もともと洗練されたイメージを持たれており、目黒駅は山手線に加え都営三田線、東京メトロ南北線、東急目黒線と合わせて4路線、恵比寿駅はJR埼京線、湘南新宿ライン、山手線、東京メトロ日比谷線と合わせて4路線ある、鉄道の面からも駅力の高い街であった。2つの駅は駅前再開発が計画されており、今後さらに人気が高まりそうだ。

そしてこの再開発で注目すべきは神田駅だ。建物の老朽化による空室が見られ、定住人口の減少が進むなど地域力の低下が懸念されていたが、2013年にはマーチエキュート神田万世橋がオープン。駅周辺の再開発により、回復の兆しが見えている。人気の恵比寿駅や目黒駅周辺のワンルームでの家賃相場は12万前後だが、神田駅では約10万円。東京駅が徒歩圏内でありながら、山手線の他にもJR中央線、JR京浜東北線、東京メトロ銀座線が乗り入れており、利便性が良い。将来性も高く、駅力も高いのである。

第3章

本当の住みやすさからみた「駅格差」

「住みたい街（駅）」ランキングに異変あり!?
知られざる「駅のコスパ」に迫る！

協力：LIFULL HOME'S総合研究所　副所長　中山登志朗
LIFULL HOME'S事業本部
新UX開発部メディア戦略グループ　星野晴美

「人気駅ランキング」の実情を探る

文／常井宏平

「買って住みたい街ランキング」で何と船橋が1位、その事情とは？

ＨＯＭＥＳ'総研が発表した「２０１７年　買って住みたい街ランキング首都圏版」【表1】では、船橋が1位に輝く意外とも言える結果が出た。今までは、地域イメージが良かったり、大規模マンション開発や駅周辺の再開発で地域のポテンシャルが向上する駅がランクインしていた。

２０１6年のランキング【表2】と比較すると、吉祥寺、横浜、恵比寿という定番の人気エリアが前年はベスト3を占めた。しかし、２０１7年版では船橋が1位を獲得し、「住みたい街ランキング」の上位常連である吉祥寺や恵比寿は21位以下という結果に……。なぜだろうか。

たしかに、船橋はJR総武線と東武野田線が乗り入れるほか、近くには京成船橋もあるターミナル駅。JR東日本の1日平均乗車人員は千葉県1位（JR東日本の駅全体では23位）、東武野田線では柏、大宮に次ぐ3位で多くの通勤・通学客が利用しているのだが、1位という結果にはさすがに驚きの声が挙がった。

なぜこのような〝波乱〟が巻き起こったのか？　データを集計したHOME'Sの「2017年住みたい街ランキング」のHPには、船橋1位の理由が次のように述べられている。

近年、都心〜近郊の通・生活利便性が確保された地域は、地価の上昇、建築資材価格の高止まり、人件費の高騰によって押し並べて新築マンションおよび新築戸建の価格が高騰しており、一般的な給与所得者では手が届かない価格帯で分譲されるケースも数多く見られるこ

表1. 買って住みたい街ランキング 首都圏版（2017年）

順位	街（駅）
1位	船橋
2位	目黒
3位	浦和
4位	戸塚
5位	柏
6位	流山おおたかの森
7位	津田沼
8位	町田
9位	三鷹
10位	大宮
11位	勝どき
12位	川越
13位	辻堂
14位	本厚木
15位	横浜
16位	橋本
17位	北浦和
18位	武蔵小杉
19位	八千代緑が丘
20位	二子玉川

出所：HOME'S総研調べ

対象期間
2016年1月1日〜12月31日
集計方法
HOME'Sに掲載された賃貸物件／購入物件のうち、問い合わせが多かった駅名を集計

とから、いくつかの例外を除き、都心～近郊エリアの人気住宅地を擁する駅のランキングが相対的に下がったものと考えられます。

ランキングのもう少し下を見ると、5位に柏、6位に流山おおたかの森、さらには7位の津田沼、19位の八千代緑が丘と、千葉県内の駅が5駅もランクインしている。また3位の浦和、4位の戸塚、14位の本厚木など、埼玉・神奈川エリアの健闘も目立つ。こうした順位変動の背景には、都心部の新築マンションや戸建ての急激な価格高騰が関係している。

新築価格が高騰した背景には、建築資材価格の高止まりや人件費の高騰による建築コストの上昇がある。建築業界は東日本大震災の復興事業や都心部の大規模再開発、東京五輪の準備などで

表2.買って住みたい街ランキング 首都圏版

順位	2015年	2016年
1位	吉祥寺	吉祥寺
2位	横浜	横浜
3位	武蔵小杉	恵比寿
4位	中目黒	品川
5位	川越	武蔵小杉
6位	品川	池袋
7位	新宿	二子玉川
8位	中野	荻窪
9位	自由が丘	新宿
10位	川崎	鎌倉
11位	渋谷	目黒
12位	和光市	藤沢
13位	鎌倉	川崎
14位	町田	渋谷
15位	池袋	大宮
16位	三鷹	川口
17位	市川	中目黒
18位	神楽坂	自由が丘
19位	恵比寿	三鷹
20位	川口	国立

出所：HOME'S総研調べ

調査方法 インターネット調査

2016年までは首都圏（1都3県）の居住者を対象にしたインターネット調査（有効回答数1030票）だったが、2017年からはHOME'Sユーザーからの問い合わせが多かった駅名を1年間（2016年1月1日～12月31日）集計したものに変更された。

人手不足に陥っており、どの会社も賃上げや社会保険料への加入といった待遇の改善で必死に人材を集めている。

金融緩和によって地価が上昇したことでマンション価格は高騰したが、相続税対策や外国人の爆買いなど、新築マンションは売れ続けた。その結果、東京都心や湾岸・城南エリアの新築価格が高騰を続け、一般市民が手を出しにくい価格にまでなってしまった。こうした状況もあり、住宅購入を検討する人々の目は都心から離れた郊外エリアにも向けられるようになり、「名よりも実を取ったランキング」になったと考えられる。

またアンケートの集計方法も、２０１６年までは首都圏（1都3県）の居住者を対象にしたインターネット調査（有効回答数１０３０票）で、どちらかといえば憧《あこが》れを反映した人気投票のような側面が強かった。「吉祥寺や恵比寿は、自分にはなかなか住むことができない場所だけど、もしお金があるのなら住んでみたい」という理由で選ぶ人も少なくなかった。

しかし、２０１７年からユーザーからの問い合わせが多かった駅名を1年間（２０１６年1月1日〜12月31日）集計する形式になり、より現実的なランキングに変貌したのだ。

ちなみに、2位に都心の目黒がランクインしたのは、２０１６年に地上40階・38階の超高層分譲ツインタワーマンション「ブリリアタワーズ目黒」が完成したため。高い価格設定だったが問い合わせが殺到し、こうした注目度の高さが順位に反映されたと考えられる。「ブリリアタワーズ目黒」は、60〜70㎡台の2〜3LDKで1億円台という破格の価格設定で、普通の人にはなかなか手を出せない物件である。それでも問い合わせが多かったのは、「どんな物件なんだろう」と興味本位で資料請求する人が多かったからだ。そのため、目黒が2018年以降のランキングで上位に入る可能性は限りなく低いと思われる。

流山おおたかの森は近郊開発の現代版成功例になるか

「買って住みたい街ランキング」では都心から離れたエリアの駅が上位に入ったが、ランクインしたのはいずれも都心周辺へのダイレクトアクセスが可能な駅である。近郊〜郊外エリアでも、交通利便性が確保されていれば問題ないことが証明された。

1位の船橋はターミナル性が高い一方で、競馬や競輪といったギャンブルの場所が多いことから今までは「子供の教育に良くない」「生活する場所としてふさわしくない」という印象があった。また、地権の関係もあって道路整備や用途地域の変更などが進まなかったが、最近は駅前の再開発も進み、利便性が向上している。

HOME'Sの買って住みたい街ランキング1位となった船橋

　このように、徐々にポテンシャルを上げてきた船橋だが、従来のイメージや再開発の遅れの影響もあってか、東京まで乗り換えなしで25分前後という好立地にありながら物件の価格はそれほど高くなかった。しかし、再開発で利便性が顕在化し、今回の順位につながった。

　そして6位の流山おおたかの森も、注目度が高まっているエリアの一つである。つくばエクスプレス（TX）の開通で都心部にもダイレクトアクセスが可能になったが、今も豊かな自然が残っている。また流山市は子育て支援に力を入れており、30代の若いファミリー層を取り込んでいる。TX開通当初は少なかった商業施設も、人口の増加に比例して増えている。流山・柏エリアは巨大ショッピングモールが5つもあるので、わざわざ都心へ買い物に出なくてもすむ。

柏の葉キャンパスの高層マンション群とつくばエクスプレス

　TXは秋葉原まで乗り換えなしで行けるが、茨城県は東京駅までの延伸、さらには都心と臨海部を結ぶ地下鉄との一体整備を悲願としている。この構想を実現させるには莫大な費用がかかるが、実現すればTX沿線はさらに活気づくことだろう。

　流山おおたかの森は隣駅の柏《かしわ》の葉キャンパスも含めて開発の余地が十分残っており、今後さらに順位が上がる可能性がある。

まさに郊外型大規模開発の成功例と言える存在だが、一方で、急激に人口が増えたことで受け入れのキャパシティを超えつつある。保育園もギリギリの状態で回しており、「小学校が足りない」という話もある。そのため、今後はその辺の問題をどう乗り越えるかがポイントとなる。

郊外エリアの大規模開発は各地で行われているが、流山おおたかの森とは逆に成功しそうにないイメージがあるのが越谷レイクタウンである。流山の場合は三井不動産が行政と組んで、「子育てしやすい街」としてアピールして学校を誘致するなど、地域の発展にも貢献する取り組みを行ってきた。しかし、越谷はイオンレイクタウンという巨大なショッピングモールはあるが、街づくりに関してはトータルなプランニングがなされていない印象がある。

「買って住みたい街ランキング」で、郊外エリアからランクインしている駅はいずれも都心まで乗り換えなしで行ける。しかし、越谷レイクタウンの場合はそれができず、それがマイナス点になっている（JR武蔵野線で東京へダイレクトアクセスできるが遠回りになる）。

郊外でも魅力を失わない駅（街）の条件とは？

２０１７年の「買って住みたい街ランキング首都圏版」では、埼玉県の駅は3位の浦和、10位の大宮、12位の川越、17位の北浦和と4駅がランクインしている。北浦和と浦和は隣接する駅なので、ほぼ同一のエリアとなる。

浦和はＪＲ埼京線・武蔵野線が通る武蔵浦和も含めて、タワーマンションの一大供給地になっている。浦和から北へ行き大型イベント施設や高層オフィスビルが立ち並ぶさいたま新都心、県内最大のターミナル駅である大宮一帯が埼玉の人気エリアである。この辺りは交通利便性が高く、都心までダイレクトアクセスできることから、引き続き高順位をキープすると思われる。

ただし、大宮から北になると通勤圏としての魅力が乏しくなる。過去にはデベロッパーが大きな物件を仕掛けたことがあるが、いずれも失敗に終わっている。そのため、街の発展という観点で住む場所を選ぶのであれば、大宮以南のエリアがオススメである。

郊外でも都心から離れすぎたエリアは、商業施設がそれほど充実していない地域が多いため、街の発展はなかなか難しいのだが、ＴＸの終点であるつくばは商業施設も充実しており、超郊外エリアでも例外的に発展が見込める。ＴＸ沿線は茨城県も開発に力を入れているエリアで、三井不動産とタッグを組んで沿線開発に取り組んでいる。ＴＸには「車両が短い」「途中で電圧が変わる」などのネックもあるが、車内でＷｉｆｉが使えたり、災害に強いなどの利点があり、沿線住民からの評価は高い。それでいて開発の余地があるので、今後は流山おおたかの森以外の駅もランクインする可能性もある。

八千代緑が丘も東葉高速鉄道の終着駅に近く、交通利便性は決してよいわけではない。にもかかわらず、２０１７年の「買って住みたい街ランキング首都圏版」で19位にランクインしているのは、長期的な視点で開発に取り組んでいるからだ。

今までの都市開発は、団地を建てて働き盛りの世代を一度にまとめて入居させるのが主流だった。しかし、若者世代が団地を出て老親だけが残ることで高齢化が急速に進行している。これに対し、八千代緑が丘は受け入れ戸数が年間200〜300戸と少なめだが、それを毎年長く続けることで幅広い世代の人たちが住む街にしようと心がけている。こうした計画的な開発が好評を得て、今回のランクインにつながったと考えられる。

もちろん都心から遠いということもあり、物件の価格は都心から比べると安い。でもその割には広いので、子育てには適している。しかも街中にはスーパーマーケットや幼稚園、図書館、公園など、生活に必要な施設がひと通り揃っていて、このエリアですべて生活が完結できる。こうした施設の充実ぶりも、都心から離れていながら高評価を得ている一因である。

ちなみに、つくばも八千代緑が丘も都心からは離れているが、乗り換えなしで都心まで行くことができる。距離というハンデを跳ね返すには、商業施設と交通利便性の充実が必要不可欠なのだ。

船橋、津田沼――多くの人が再確認した首都圏東部エリアの利便性

2017年の「買って住みたい街ランキング首都圏版」では、東京の東側にある首都圏東部エリアの駅が多くランクインしているが、これらの地域は、今までそれほど人気があったわけでは

なかった。今まで首都圏というと東京が頂点に君臨し、その下に神奈川があって埼玉、千葉というヒエラルキーだった。そのため、賃貸の賃料も都心や西側エリアに比べると手頃だったのだが、近年は東部エリア全体の見直しが進んでいる。

今までは都心から西のエリアがもてはやされ、「住みたい街ランキング」でも上位にランクインするのは吉祥寺や恵比寿など西側の駅ばかりだった。しかし、２０１２年に東京スカイツリーが完成したことで人々は東京の東側にも目を向けるようになる。２０１５年には上野東京ラインが開通して東側の交通利便性がさらに向上し、北千住が「住みたい街」でも上位に挙がるなど、東側のポテンシャルが徐々に認められるようになった。

とはいえ、東側のポテンシャルは元々高かった。例えば、山手線を東京圏の中心部とすると、横浜は30㎞圏、藤沢は50㎞圏にある。藤沢を含む湘南エリアは東京圏から離れているが、東海道本線で1本という交通利便性と「湘南」というブランドイメージから、住宅価格もそれなりに高かったのだ。一方、船橋は東京駅から15㎞圏、千葉でも30㎞圏である。千葉と横浜を比べると何となく横浜の方が近いイメージがあるが、じつはそれほど変わらないのだ。

また首都圏東部エリアといえば、今までは幕張エリアや東京ディズニーリゾートなど、ＪＲ京葉線沿線が注目されてきた。しかし、京葉線は東京駅から離れている上に駅間が長く、雨風ですぐ止まるなどのデメリットを抱えていた。これに対し、船橋や津田沼を通るＪＲ総武線は内陸部を通っており、しかも東京のど真ん中を通って吉祥寺や新宿までダイレクトに行ける。このように総武線沿線は昔から利便性が高かったので、商業施設が充実している船橋や津田沼がランクインしたのは、ある意味当然だったとも言える。

首都圏版の「買って住みたい街ランキング」は、今までの都心一極集中から郊外拡散型に変化したが、近畿版【表3】でも4位に姫路がランクインするなど、似たような状況になっている。姫路は新幹線を使っても大阪の中心部まで1時間余りかかるが、「平成の大修理」を済ませた世界遺産・姫路城が情報発信となり、「買って住みたい」のランキングにも反映されたものと思われる。やはり地域の活性化には、こういった情報の発信も欠かせないのだ。

表3. 買って住みたい街ランキング 近畿圏版（2017年）

順位	街（駅）
1位	天神橋筋六丁目
2位	高槻
3位	和泉中央
4位	姫路
5位	川西能勢口
6位	香里園
7位	北大路
8位	桃山台
9位	西宮北口
10位	烏丸御池

出所：HOME'S総研調べ

「借りて住みたい街」と「買って住みたい街」は違いが如実に表れる

HOME'S総研では、「買って住みたい」と合わせて2017年の「借りて住みたい街ランキング首都圏版」【表4】も発表したが、こちらは「買って住みたい街」【表1】に比べると一般的な人気駅が多くランクインしている。しかし、2016年は1位だった吉祥寺が9位、2位の横浜に至ってはランク圏外となり、一方で、池袋が前年6位から順位を上げて1位になった。

こちらのランキングも集計方法が変わり、問い合わせが多い駅名がランクインする形式になった。そのため、「買って住みたい」と同様、実情を反映した順位になっている。ただし、上位20駅のうち東京都内の駅が16駅を占めている。「借りて住みたい」だと単身者・若者世代の割合が高くなるので、交通と生活の利便性を優先する傾向はそれほど変わっていないようだ。

1位の池袋は、JR線や西武池袋線など合計8路線が乗り入れる巨大ターミナル駅だが、椎名町や落合の方へ行けば手頃な賃貸物件がいくつもある。また市街地としての事業集積性（業務性）

表4. 借りて住みたい街ランキング首都圏版（2017年）

順位	街（駅）
1位	池袋
2位	三軒茶屋
3位	武蔵小杉
4位	川崎
5位	中野
6位	高円寺
7位	恵比寿
8位	大宮
9位	吉祥寺
10位	荻窪
11位	大井町
12位	葛西
13位	三鷹
14位	学芸大学
15位	北千住
16位	高田馬場
17位	目黒
18位	本厚木
19位	八王子
20位	蒲田
20位	川口

出所：HOME'S総研調べ

対象期間
2016年1月1日～12月31日
集計方法
HOME'Sに掲載された賃貸物件／購入物件のうち、問い合わせが多かった駅名を集計や商業利便性、文教施設の多さ、駅勢圏の広さも、1位になった要因とみることができる。

「買って住みたい街ランキング」では躍進を遂げた千葉勢だが、「借りて住みたい街」のランキングには一つも入っていない。これは「買って住むなら消去法的に千葉にせざるを得ない」「借りて住むなら都心寄りがいい」というニーズが反映されたと考えられる。買って住むなら魅力的な千葉エリアだが、わざわざ借りて住むほどの魅力は薄いということだろうか。

一方で、本厚木や八王子といった西側エリアの郊外駅がランクインしている。八王子はJR中央線を使えば東京まで一本というダイレクトアクセスに魅力がある。ただし、百貨店やデパートが相次いで撤退しており、商業地としてのポテンシャルはそれほど高くない。それでいえば、同

表5. 借りて住みたい街ランキング首都圏版

年度	2015年	2016年
1位	池袋	吉祥寺
2位	武蔵小杉	横浜
3位	吉祥寺	恵比寿
4位	高円寺	品川
5位	三軒茶屋	武蔵小杉
6位	川崎	池袋
7位	荻窪	二子玉川
8位	中野	荻窪
9位	葛西	新宿
10位	大井町	鎌倉
11位	目黒	目黒
12位	恵比寿	藤沢
13位	三鷹	川崎
14位	高田馬場	渋谷
15位	大塚	大宮
16位	学芸大学	川口
17位	津田沼	中目黒
18位	大宮	自由が丘
19位	東中野	三鷹
20位	大森	国立

出所：HOME'S総研調べ

調査方法
2015年（問い合わせが多かった駅名）
2016年（インターネット調査）

2015年はHOME'Sユーザーからの問い合わせが多かった駅名を半年間（2014年7月〜12月）集計したものだったが、2016年は首都圏（1都3県）の居住者を対象にしたインターネット調査（有効回答数1030票）で順位をつけた。

じ中央線の立川の方が商業地としての魅力は高いのだが、それゆえに賃料が若干高く、八王子よりも順位が低かったのかもしれない。

18位にランクインした本厚木はバス路線が充実しており、厚木や海老名などの駅も近いことから紹介物件が多い。そのため、「問い合わせが多い駅」で集計すると上位に入るのだが、ロマンスカーも停車する交通利便性の高さも評価の一因になったとみられる。

タワマンが林立する湾岸エリアは魅力に欠ける!?

また2位の三軒茶屋や5位中野、6位高円寺、7位恵比寿、13位三鷹など、城南・城西エリアの駅が根強く支持されている。この辺は以前から人気が高いエリアだが、落ち着いた街並みや住宅地としての生活利便性が改めて評価されたようだ。しかし、同じ人気エリアでも湾岸地区は12位の葛西しか入っていない。「買って住みたい街ランキング」でも、湾岸エリアは11位の勝どきしか入っていない。

湾岸地区は開発がずっと続いていて、魅力的な高層タワーマンションも次々と建っている。にもかかわらず、ランキングに入っていないのは、近年のマンション価格高騰が影響しているものとみられる。また交通インフラが都心部と比べてまだ不十分で、新たにモノレールを引くとか、地下鉄を延伸させるといった計画はあるが、それらが具体的に進んでいるわけではない。そのため、住みたいニーズにあまり結びついていないのかもしれない。

また湾岸エリアには、街としての魅力に乏しい面がある。新しくできた街なので地域コミュニティが成熟しておらず、古くからの飲み屋街も少ない。普段着やサンダル履きでぶらりと歩くような気軽さもあまりなく、そういった点がランキングの順位に反映されたものと思われる。

たしかにタワーマンションの乱立で住民は増えたが、だからといってバスの本数が増えたり、地下鉄の車両が増えたわけではない。そのため、東京メトロ有楽町線の豊洲駅は、ラッシュ時にはホームに降りられないほど混雑している。そのため、中には東京駅まで車で送ってもらったり、自転車で東京駅まで行く人もいる。東京駅の八重洲口側では、自転車利用者が増えたことで放置自転車が問題になっている。そこで中央区では駐輪場を設置しているのだが、「なぜ江東区の住民のために駐輪場をつくらないといけないんだ」という不満も渦巻いているという。

タワーマンションは多くの住民を入居させることができるので、住民税などの税収増が期待できる。そのため、自治体もタワーマンション建設に積極的なのだが、急に住民が増えることで新たなひずみや問題が生じている。しかも2020年の東京五輪後には、晴海地区の南西部一帯に置かれる選手村が賃貸・分譲で供給される。総戸数は約5600戸でタワマン6棟分に相当するので、仮に交通インフラが今のままだと、混雑がさらに深刻化するおそれがある。

当初は東京都中央卸売市場を豊洲に移したあと、築地市場の跡地を利用して環状2号線を新橋から晴海・豊洲地区まで伸ばすことになっていた。ところが市場移転が宙ぶらりんになっており、五輪までに開通するかどうかは不透明である。

タワーマンションは1棟で何百世帯も入り、眺望も美しくて気分良く住めるので、住む側にも建てる側にもメリットがある建物である。しかし、マンションというのは建物を建てるだけでは成立しない。実際に住む数百世帯が飲食や買い物をする場所、子供を預ける場所、病院や公園などの諸施設があって初めて成り立つ。ところが湾岸エリアは、先にマンションだけ建ててしまった。その結果、街がバランス良く発展したとは言いがたい状況となっている。街の成熟度をどれだけ上げていくかが、湾岸エリアの今後の課題と言える。

駅から遠く離れていても「吉祥寺在住」だと言いたい

HOME S'総研の調査では意外な駅が上位にランクインし、よりリアルな志向が反映されたが、人気投票的な側面が強いアンケートでは、吉祥寺と恵比寿が相変わらずの強さを誇っている。

不動産・住宅に関する総合情報サイト「SUUMO」を運営するリクルート住まいカンパニーが発表した「みんなが選んだ住みたい街ランキング2017」**【表6】**では、吉祥寺が前年1位の恵比寿を抑えてトップに返り咲いた。恵比寿が2位、横浜が3位に入り、池袋は7位、船橋に至っては69位という結果になった。

SUUMOのランキングでは吉祥寺と恵比寿が毎年1位をめぐってし烈な争いを繰り広げているが、これがリアルな意見というわけでもない。なぜなら、本調査はインターネットによるアンケート調査だからだ。自分の懐《ふところ》事情を気にせずに選べるのであれば、吉祥寺や恵比寿といったブランドイメージが高い駅に票が集中するのは必然である。

吉祥寺も恵比寿も人気エリアなので、当然ながら賃料は高い。住むとなるとそれなりにお金が必要になるが、それでも住もうとする人は多い。なぜなら、駅そのものにブランド価値があるからだ。何となくオシャレだし、何となく便利だし、「吉祥寺に住んでいる」「恵比寿に住んでいる」と言うだけで、周囲から憧れの眼差しで見られることもあるだろう。

表6. SUUMOみんなが住みたい街ランキング関東版(2017年)

順位	街(駅)
1位	吉祥寺
2位	恵比寿
3位	横浜
4位	目黒
5位	品川
6位	武蔵小杉
7位	池袋
8位	中目黒
9位	東京
10位	渋谷
11位	自由が丘
12位	新宿
13位	二子玉川
14位	鎌倉
15位	大宮
16位	表参道
17位	北千住
18位	中野
19位	浦和
20位	立川
20位	大森

出所:SUUMO

調査対象
関東圏(東京都・神奈川県・埼玉県・千葉県・茨城県)在住の20歳〜49歳男女
調査方法
インターネットによるアンケート調査
調査期間
2017年1月21日〜26日

だから、なかには吉祥寺からバスを使って練馬区や調布市沿いの家に住んでいても「吉祥寺に住んでいる」と言い張る人もいる。業者側もそういったニーズがあるのがわかっているので、物件紹介のサイトでも、明らかに隣の駅の物件なのに「吉祥寺から徒歩20分」と紹介したり、吉祥寺駅からは明らかに離れているのに、マンション名にわざわざ「吉祥寺」の名を入れたりしているのだ。実際のところ、吉祥寺の駅周辺は商業地が多く、物件は比較的少ない。そのため、「吉祥寺在住」の人はバスを使ったり、遠くまで歩いたりしている人も多い。

このように、ブランドイメージがある駅に実際住むのは割と大変なのだが、インターネットのアンケートではその辺を気にする必要がないので、「実際に住むのは厳しいかもしれないけど、一度は吉祥寺に住んでみたい」といった感じで票が入る。その結果、吉祥寺や恵比寿、中目黒といった定番の人気駅が毎回上位にランクインし、近年「住みたい街」のランキングはマンネリ化している。しかし、これでは不動産業界の活性化につながらない。

タワーマンションが建ち並ぶ武蔵小杉、今後の不安要因

人気駅としての地位を確立した武蔵小杉だが、ＨＯＭＥＳ'の「買って住みたい街ランキング」では、３位（２０１５年）↓5位（２０１６年）↓18位（２０１７年）と徐々に順位を落としている。これはタワーマンションの建設が一段落し、注目が他の街に移ったからと考えられる。

かつては企業の工場や寮が多かった武蔵小杉だが、２００５年ごろからタワーマンションが建設されるようになる。敷地面積が大きな工場跡地を整備したので、大規模な再開発が可能になったのだ。また東急東横線で渋谷や横浜まで15分、南武線で10分と元々利便性が高かったが、２０１０年にＪＲ横須賀線が乗り入れたことで東京駅まで乗り換えなしで行けるようになった。さらに、東京メトロ副都心線と東横線が相互直通運転を開始したことで新宿・池袋にもダイレクトで行けるようになり、利便性がさらに増した。

まさに理想的な立地なのだが、急速に発展したことによる〝ひずみ〟も発生している。人口増にともなって待機児童問題が深刻化しており、川崎市も保育園の数を増やしているが、なかなか追い付いていない。また、朝の通勤時間帯はＪＲ横須賀線の改札に入るのもひと苦労する有様で、急増する人口に対応した街の整備が求められている。

武蔵小杉のタワマン建設はひとまず落ち着き、デベロッパーは近くの新川崎に立地を求めている。しかし、交通利便性がそれほど高いわけではなく、マンションも駅から少し離れた場所に建つので、武蔵小杉のようなインパクトは望めない。

タワマン建設が落ち着いたことで順位が低落気味の武蔵小杉に対し、意外な粘りを見せているのが東急田園都市の二子玉川である。２０１７年の「買って住みたい街ランキング」では他の人気駅が軒並みランク圏外になるなか、二子玉川は20位に踏みとどまった。ここ数年、二子玉川はあちこちで工事が行われていたが、それがほぼ終了して街が落ち着いてきた。キレイな街並みを取り戻したことで、今後はランキングが上昇する可能性がある。

各種ランキングで見る「住みたい駅」の実情

「買って住みたい街ランキング」「借りて住みたい街ランキング」以外にも、駅に関するさまざまなランキングが発表されている。そのランキングを元に街の魅力を分析しよう。

「生活費が抑えられそうな街」と「スッピンで歩けそうな街」は似ている？

表7. 生活費が抑えられそうな街（駅）

順位	街（駅）
1位	北千住
2位	千葉
3位	赤羽
4位	八王子
5位	町田
6位	上野
7位	大宮
8位	吉祥寺
9位	船橋
9位	川崎
11位	柏
12位	練馬
13位	十条
13位	高円寺
15位	横浜
16位	蒲田
17位	中野
17位	戸越銀座
19位	亀有
20位	所沢
20位	巣鴨
20位	大山

出所：HOME'S総研調べ

このランキング**【表7】**は、あくまで「生活費が抑えられそう」であって、実際に生活費が安く済むわけではない。ランキングを見ると1位が北千住、2位が千葉、9位が船橋と、首都圏東側エリアの駅が上位に入っている。年々ポテンシャルが高まっている東側エリアだが、まだ「生活費がそんなにかからなそう」というイメージで見られている。

1位の北千住はJR常磐線、東京メトロ日比谷線など5路線が乗り入れるターミナル駅で、マルイやルミネなど商業地も充実している。それでも生活費が安く抑えられそうなイメージがある

表8. スッピンで歩けそうな街(駅)

順位	街(駅)
1位	赤羽
2位	八王子
3位	巣鴨
4位	北千住
5位	千葉
6位	浅草
7位	新宿
8位	大宮
9位	渋谷
10位	上野
10位	川崎
12位	蒲田
13位	秩父
14位	奥多摩
14位	下北沢
16位	池袋
17位	錦糸町
18位	高尾
19位	高円寺
20位	館山

出所:HOME'S総研調べ

表9. 昼から飲んでも怒られなさそうな街(駅)

順位	街(駅)
1位	新宿
2位	上野
3位	浅草
4位	新橋
5位	赤羽
6位	渋谷
7位	池袋
8位	川崎
9位	東京
10位	錦糸町
11位	恵比寿
12位	御徒町
13位	銀座
13位	六本木
13位	北千住
16位	京成立石
17位	横浜
18位	神田
19位	大宮
20位	蒲田
20位	吉祥寺

出所:HOME'S総研調べ

のは、下町の商店街という印象が根強いからだ。ポテンシャルが高い割には家賃も抑えめなので、「住む」という視点で見れば魅力度が高い街である。

この「生活費が抑えられそうな街ランキング」**【表7】**は、「スッピンで歩けそうな街」**【表8】**「昼から飲んで怒られない街」**【表9】**のランキングとリンクしている。「生活費が〜」で1位の北千住は、「スッピンで〜」で4位、「昼から飲んで〜」で13位にそれぞれランクインしている。そして「生活費が〜」では3位だった赤羽は、「スッピンで歩けそうな街」ランキングでは1位になっている。

「生活費が抑えられそうな街」1位になった北千住駅

赤羽はJR埼京線で池袋・新宿・渋谷、JR京浜東北線で東京・品川までダイレクトアクセスできる交通利便性が高い駅だが、今まではそれほど注目されていなかった。しかし、下町の飲み屋街的なイメージが人気の起爆剤となり、「魅力的な街」としての地位を確立した。「昼から飲んで〜」で5位に入っているのも、飲み屋街の印象が強いことをうかがわせている。そして、駅前に西友やダイエーといったスーパーがあるのも、物価が安そうなイメージにつながっている。

ちなみに、赤羽は不動産情報を扱うオウチーノ総研が発表した「首都圏で賃貸で住みたい駅」ランキングでも、15位から4位に躍進している。23区内なのに家賃が手頃という理由もあるが、清野とおる原作の漫画が『山田孝之の東京都北区赤羽』としてドラマ化されたことで、注目度がさらに高まったものとみられる。一方、上位常連だった吉祥寺はオウチーノ総研のランキングでは2年連続でトップ10圏外となった。こちらも漫画『吉祥寺だけが住みたい街ですか？』がドラマ化されており、〝吉祥寺離れ〟を印象付けたようだ。

また「昼から飲んで怒られない街ランキング」で上位にランクインしている新宿や上野、浅草、新橋は、いずれも戦後まもなく闇市が形成された場所である。闇市は数年で姿を消したが、跡地に横丁ができて、それが昼から飲めそうなイメージにつながったものと思われる。12位に御徒町、16位に京成立石と庶民的な印象がある駅がランクインする一方で、同率13位で銀座と六本木が入っている。こちらは一般市民ではなく、役員などのお偉いさんが昼間から飲んでいるイメージだろうか。

『ウヒョッ！東京都北区赤羽』（清野とおる／双葉社）

『吉祥寺だけが住みたい街ですか』（マキヒロチ／講談社）

働きながら子育てするのに良いというイメージは街の成長に不可欠

表10. 働きながら子育てするのに良い街（駅）

順位	街（駅）
1位	横浜
2位	吉祥寺
3位	武蔵小杉
4位	二子玉川
5位	東京
6位	新宿
7位	品川
8位	大宮
9位	豊洲
10位	川崎
11位	千葉
12位	池袋
13位	船橋
14位	葛西
15位	立川
15位	中野
17位	浦安
18位	流山おおたかの森
19位	荻窪
20位	浦和
20位	練馬

出所：HOME'S総研調べ

待機児童問題が深刻化している昨今、「子育てがしやすい街」**【表10】**というイメージは、今後の街の成長に必要不可欠な要素となっている。このランキングも、実際に子育てしやすい街が上位に入っているわけではなく、あくまで「子育てがしやすそう」というイメージで選ばれたものである。

1位の横浜は、横浜市の林文子市長が2013年に「待機児童ゼロ」の達成を宣言したことが、子育てしやすいイメージにつながっている。ただし、横浜市では希望の保育所に入れない子供を「保留児童」と呼んでおり、待機児童にはカウントされていない。そのため、横浜が本当に「子育てしやすい街」なのかどうかは不透明な面もある。

18位の流山おおたかの森のように、実際に子育てしやすい街づくりに取り組む街がランクインする一方で、上位は2位吉祥寺、3位武蔵小杉、5位東京など、交通利便性が高い街が選ばれた。また6位の新宿、7位の品川などは企業が集積しており、何かあってもすぐ帰れるイメージが反映されたものと思われる。そして4位の二子玉川は、渋谷まで直通という利便性もさることながら、居住スペースに幼稚園や保育園が併設され、親子連れ率も高い。

これから来そうな街ランキングは「すでに来た」街?

表11. これから来そうな街（駅）

順位	街（駅）
1位	武蔵小杉
2位	豊洲
3位	品川
4位	渋谷
5位	立川
6位	東京
7位	横浜
8位	二子玉川
9位	池袋
10位	北千住
11位	大宮
12位	恵比寿
13位	川崎
14位	海老名
15位	田町
16位	吉祥寺
17位	新宿
17位	中野
19位	町田
20位	流山おおたかの森

出所：HOME'S総研調べ

「これから来そう」【表11】と銘打っているが、じつはすでに開発が一段落した街が多くランクインしいる。1位の武蔵小杉などはその典型で、タワーマンションの建設ラッシュも落ち着いている。2位の豊洲も似ている感じだが、築地市場の移転問題でマイナスイメージがついてしまった。

一方、3位の品川や15位の田町など、新しく完成する駅や路線に対する期待もランキングに反映されている。2020年には、品川と田町の間にJR山手線・京浜東北線の新駅が完成する。また品川は2027年完成予定の「リニア中央新幹線」の始発駅となっており、集客効果が期待される。そして、4位の渋谷は再開発工事の真っ最中で、工事風景が「完成したら、どんな街になるんだろう」というワクワク感が順位につながった。

意外と住みにくそう、と思われる街とは？

表12. 意外と住みにくそうな街（駅）

順位	街（駅）
1位	新宿
2位	渋谷
3位	東京
4位	池袋
5位	吉祥寺
6位	横浜
7位	千葉
8位	川崎
9位	六本木
10位	銀座
11位	品川
12位	恵比寿
13位	上野
13位	田園調布
15位	大宮
16位	自由が丘
17位	原宿
17位	武蔵小杉
19位	浦和
19位	船橋

出所：HOME'S総研調べ

複数の路線がつながるターミナル駅は、一見住みやすそうに思えるが、このランキング【表

12】では1位新宿、2位渋谷、3位東京、4位池袋と巨大ターミナル駅が上位を占めた。

もちろん交通利便性がよく、買い物も飲食も不自由しないのだが、街が巨大すぎるゆえに「人混みがキツい」「騒音が多そう」などのイメージがついている。また、店は多いけどスーパーなどのライフ環境は乏しく、「賃料が高い割には住みにくい」という印象も持たれている。

巨大ターミナル駅以外では、5位吉祥寺、6位横浜、12位恵比寿、16位自由が丘など、人気駅が多くランクインしている。これは「住みたい街」と評価されているけど、「実際はそうでもないのでは？」というアンチテーゼも含まれている。例えば、5位の吉祥寺に対しては「人気が高すぎて家賃で苦労しそう。イメージ先行でハードルを上げすぎ、実際に住んでガッカリしそう」（40代男性）、「駅に大きな商業施設ができて、アットホームな吉祥寺の良さがなくなってしまった印象。また、街全体の印象もやや雑多な感じがする」（30代男性）などの理由コメントがある。また9位の六本木と10位の銀座は、住むイメージがわきにくいことがランクインの理由となっている。この二つの街は、「住む」よりも「飲む」「買う」「遊ぶ」というイメージが強い。

今後、実は寂《さび》れそうな街ランキングから読み取れること

表13.今後、実は寂れそうな街(駅)

順位	街(駅)
1位	池袋
2位	千葉
3位	八王子
4位	豊洲
4位	多摩センター
6位	上野
7位	新宿
8位	渋谷
8位	日暮里
10位	東京
11位	北千住
11位	川崎
13位	鶯谷
13位	吉祥寺
15位	築地
16位	田園都市
17位	小田原
18位	赤羽
18位	青梅
18位	小岩
18位	高島平

出所：HOME'S総研調べ

池袋は「借りて住みたいランキング」で1位になったのに、「寂れそうな街ランキング」【表13】でも1位になっている。池袋がある豊島区は人口密度が1㎢あたり約2万人で、これは全国の市区町村でも最大である。ところが2014年5月、有権者で構成する「日本創成会議・人口減少問題検討分科会」で、豊島区は人口が減少していることから東京23区の中で唯一「消滅可能性都市」に選ばれてしまった。「池袋がある豊島区は、2040年までに消滅する可能性がある」というニュースが人々の記憶に残り、池袋が「寂れそうな街」の1位になったのだろう。

当然ながら、区や区民は「豊島区が消滅するなんておかしい」と怒り心頭で、そのレッテルを払拭するため躍起になっている。実際に豊島区の新庁舎がある池袋が寂れる可能性は、ほとんど

ゼロに近いと言っていいだろう。

「寂れそうな街ランキング」も「住みにくそうな～」同様、人気駅やターミナル駅が多くランクインしている。これも人気に対するアンチテーゼだったり、有名ゆえに名前が挙がる側面もあるのだが、なかには本当に寂れそうな街もランクインしている。

2位の千葉は、パルコや三越といった商業施設が相次いで閉店し、「街の活気が失われる」と懸念されている。しかし、長らく続いた駅改装工事が完了し、利便性が高まった。2016年11月には48のショップからなる「ペリエ千葉エキナカ」が新たなオープンし、千葉県内最大のターミナル駅の起爆剤として期待されている。

一方、ランクインしている駅の中で、もっとも寂れる危険性が高いのが4位の多摩センターである。多摩ニュータウンの中心地として造成された街だが、「階段が多くて高齢者に優しくない」「団地が老朽化している」などの意見があり、評判は芳《かんば》しくない。2017年3月には三越多摩センター店が閉店し、街全体の活気がさらに失われている。ニュータウン住民の高齢化も進んでおり、街活性化に新たな工夫が必要不可欠になっている。

第4章

特別インタビュー

三浦 展
格差社会と「街」、そして「駅」

三浦 展（みうら あつし）

社会デザイン・消費社会研究者。35年来、家族、消費などの観点から郊外研究を続け、「第四山の手論」「ファスト風土論」などを展開。著書に『家族と幸福の戦後史』『東京は郊外から消えていく！』『昭和の郊外』『人間の居る場所』などがある。

三浦展氏インタビュー

本書では主に駅と街の比重でいえば、書名の通り、駅の内容を重視してきたが、第1章冒頭でも示したように、駅の格差は駅と街の複雑な関係がつくり出している。駅という拠点をもとに人気が出る街と寂れてしまう街、この明暗にはどんな要素が影響し、絡み合っているのだろうか—日本の格差についていち早く指摘してきた三浦展氏に聞いた。

若い世代の流出が著《いちじる》しい所沢

拙著『下流社会』（2005年）の出版から約12年経ちましたが、日本人の経済生活の下流化は確実に進行しています。そして、人口減少、高年齢化により街の格差も進行しはじめており、栄える街と寂れる街の差も拡がりつつあるようです。

最近はさまざまな企業が「住みたい街（駅）」ランキングを発表しており、吉祥寺や恵比寿といったオシャレな街が上位に定着していますが、本当に皆がオシャレな街に住みたいのか？　ひょっとしたら、もっと庶民的な街に住みたい人もいるのではないか？　そんな疑問を抱いた私は、2016年6月にある調査を行いました。東京、千葉、埼玉、神奈川の1都3県に住む男女150

0人に対し、「あなたが今までに一度は行ったことがある（住んだことがある）街の中で、今後（も）住みたいと思う街はどこですか？　以下の首都圏の街から、いくつでも選んでください」という質問をしました。街の選択肢は107種あり、恵比寿・代官山・中目黒のように複数の街をまとめたエリアもあります。

東京都心への一極集中はさらに進んでおり、2015年の国勢調査では東京23区の人口が32・7万人増えています。特に千代田区、中央区、港区の都心3区は人口増が著しく、都心からの転出人口は減っています。今までは、結婚や出産を機に郊外へ引っ越す若い者世代が多かったのですが、最近は都心に大量供給されたマンションなどに住みつづける傾向にあります。

地方で若い世代の人口が減っているのは周知の通りですが、都心に近い郊外部にも若い世代の流出が著しい市があります。その一つが埼玉県所沢市で、29歳～33歳世代の減少が目立ちます。これは結婚を機に市外に出る人が多いからだと思われます。

所沢駅には西武池袋線と西武新宿線が乗り入れていますが、特に西武新宿線は都心と郊外をつなぐ各線の開発競争から取り残され、「巨大なローカル線」と化している印象が否めません。西武新宿線はJR新宿駅からも少し離れた西武新宿駅を終点としており、相互乗り入れがなく高架化も遅れ、沿線全体に「イケてない感じ」が漂っています。

一方で、西武池袋線は、東京メトロ副都心線を介して新宿、渋谷にも出られるようになり、利

表1 埼玉県北西部に住んでいる人が住みたい街

♛ RANKING

順位	街名	%
1位	川越	22.1
2位	大宮	18.4
3位	鎌倉	11.8
4位	吉祥寺	11.0
4位	池袋	11.0
4位	表参道・青山・原宿	11.0
4位	浦和	11.0

出所：『あなたに一番似合う街』三浦展より

便性が高まっています。しかし、所沢市の中心駅である所沢駅は始発駅ではなく、それも所沢の29〜33歳世代が東京23区だけでなく、所沢よりも都心から離れた川越市や入間市、狭山市などに転出する一因となっています。

明暗が分かれた所沢と川越

そして、転出が目立つ所沢を尻目に発展しているのが川越（市）です。東武東上線の川越市駅からは渋谷や横浜まで乗り換えなしで行くことができます。また本川越駅は西武新宿線の始発駅で、通勤時も座って都心まで行けます。こうした利便性に加え、川越には「小江戸」と呼ばれる観光地としての魅力もあります。そのため、「埼玉県北西部に住んでいる人が住みたい街」のランキング【表1】でも、川越が1位なのに対し、所沢はベスト5にも入っていません。

最近また所沢駅周辺を訪れたのですが、改めて街としての個性が乏しいという印象を抱きました。買い物好きな人は、車に乗ってロードサイドの店に行ってしまいます。そのため、これからは個性的な店がある街づくりを進めていったほうがいいのですが、残念ながらまだそういう方向には向かっていません。一方、川越へ取材に行ったとき、知り合いに焼鳥屋へ連れて行ってもらったのですが、銀座等でも通用する本当に美味しい店で、しかも店長が所沢出身の人でした。最初は所沢で店を探したのですが、良い場所がなく、川越に店を設けたのだそうです。これも、ある意味では人口流出の理由の一つと言えます。始発駅でもなく、良い店も集まらない所沢は、このままではさらに置いていかれる可能性があります。

また、これは所沢に限った話ではありませんが、西武線沿線は東急のようなグループ一体型の投資があまり行われませんでした。堤康次郎《つつみやすじろう》が創業した西武グループは、次男の清二《せいじ》氏が流通部門をけん引し、三男の義明《よしあき》氏が鉄道部門をけん引しました。２人がタッグを組み、ハードとソフトの両方で攻めれば、西武沿線も発展していたと思います。しかし、流通部門と鉄道部門は互いに嚙み合わず、有楽町や横浜や軽井沢など、西武沿線とは関係ない場所に投資をしました。西武沿線を重点的に開発するチャンスはいくらでもあったのですが、まったくもって残念なことです。

下北沢の凋落と三軒茶屋の人気上昇

鉄道会社は、各社が駅周辺の開発に力を入れていますが、グループが一体になって開発を進めてきた東急はやはり底力があります。そして、ＪＲ中央線沿線も人気が根強く、いわば「カッコよく生きるなら東急沿線で、楽しく生きるなら中央線で」というイメージが定着しています。

これに対し、中途半端な印象が否めないのが小田急線です。沿線で人気がある街といえば下北沢ですが、駅前が工事中の影響もあってか、最近の「人気の街ランキング」では低迷しています。しかし、小田急沿線には魅力ある街がたくさんあります。

例えば、下北沢から4駅離れた経堂《きょうどう》には、駅北口から西に伸びる「すずらん通り」という商店街があります。ジャズや文学の名エッセイストだった植草甚一《うえくさじんいち》が通った古本屋や遠藤書店もあり、大変魅力的な街です。またランキングは低いですが、成城学園前も文化的な空気が感じ取れる街です。駅前でも騒音が聞こえず、とても静かです。

下北沢にも魅力的な飲食店が増えていますが、そういった魅力があまり伝わっていない印象があります。しかし、町田や本厚木、新百合ヶ丘といった郊外エリアはまあまあ人気が高い。

そして下北沢とよく比較されるのが東急田園都市線の三軒茶屋ですが、ここは女性の年収が上がるほど「住みたい街」のランクが上がる街でもあります。仕事と育児を両立する女性も多く、ママチャリに乗った女性の姿が目立ちます。また交通利便性が高く、渋谷や表参道まで電車ですぐ、大手町や日本橋にも一本で行くことができます。かつては、出版関係者や編集者は中央線や下北沢に多く住んでいましたが、最近は三軒茶屋に住んでいる人が多いようです。

全体的に商業地が足りない京王沿線、中途半端な小田急沿線

一方、東急沿線の自由が丘は女性人気のイメージがありますが、最近の調査では男性にも人気があることが明らかになっています。「スイーツ男子」が増えている影響かもしれません。

小田急線と中央線に挟まれた京王線も、どこか目立たない印象があります。商業地として栄えている街は、自ずと「住みたい街」ランキングでも上位に入ってきます。しかし、京王線にはそういった商業地として魅力がある街があまりありません。明大前というターミナル性がある駅もありますが、商業地としてのトレンド性は低い。伸び代《しろ》はあるのですが、上手く活かされていない感じがします。

調布、府中、聖蹟桜ヶ丘などはお店も多いですが、調布よりも手前の駅だと、商業地として強い駅は多くありません。上北沢やつつじヶ丘などは良い住宅地で、緑も多いですが、商業の要素が足りないのが惜しいところです。ただし、新宿だけでなく渋谷にも近く、さらに都営新宿線を使えば秋葉原（岩本町）まで行ける笹塚は、穴場的人気があります。

一方、所沢と同様に結婚・子育て世代の流出が著しいのが、多摩ニュータウンがある東京都多摩市です。本来、ニュータウンは子育て世代が多い地域なのですが、現在は逆に子育て世代が流出しており、住民の高齢化が進んでいます。

所沢や多摩センターなどが「郊外不人気エリア」から脱却するには、単なるベッドタウンではなく、「働く」機能を付加させる必要があります。最近は自宅で勤務するテレワークを推奨する企業が増えていますが、そうした在宅勤務をするのにふさわしい場所として、新たな人口を引き込む工夫が郊外に求められています。

タワマン再開発の功罪——似たような再開発で街から個性が失われていく

現在の「郊外の地方化」と「都心回帰」という大きな流れのなかで、都心ではタワーマンションなどの住宅が供給され続けており、それにともない人口も増えています。タワーマンションはさすがにもう建てる場所が少なくなってきましたが、現在も武蔵小山や立石といったニッチなエリアに建てられる予定があります。タワーマンションは人口を増やすのに速効性がありますが、これは要するに、貧乏人を追い出して金持ちを入れる施策です。家賃6万円のアパートにしか住めない人を100人住まわせるよりも、タワマンに住める人を1000人住まわせたほうが、住民税がたくさん入ってきますから、行政としては税収増が魅力のタワマンを選ぶのです。

しかし、タワマンによる再開発をすると、どの街も似たような感じになってきて、「飲み屋がたくさんある」「文化的」「オシャレな個店が多い」といった街の面白みや個性が、徐々に失われていく気がします。

例えば、最近人気の武蔵小杉は元々工場の跡地でしたが、一気に山の手的な街へと変貌しました。武蔵小杉を支持するのは30代ぐらいで年収３００〜４００万円の女性や、６００万円台の男性など少し上の階層の人たちで、彼らには武蔵小杉の場所がかつて工場群だったというイメージがありませんから、オシャレな街として支持されているのです。

それでも、法政通り商店街や「センターロード小杉」という飲み屋街など武蔵小杉には古い街が残っていて、今後はその辺も再開発の対象になるのか、それとも残っていくのか。私は残したほうがいいと思っていますが、こればかりは行政やデベロッパーのさじ加減一つです。

武蔵小杉と同じく「ムサコ」と呼ばれる東急目黒線の武蔵小山駅周辺は、今後駅前にタワマンが建ちますが、４年制大学を出たけどフリーターという女性に人気があるという結果が私が行った調査に出ています。酒場で自由に語らうのが好きなタイプの女性が多く集まる街になっているのです。これに対し、４年制大学を出たけどフリーターという男性は高円寺を好んでいます。高円寺にはカウンターカルチャーやパンクなどに魅力を感じる人が集まるようです。

各私鉄とも乗降客数は人口減少社会で減少しており、運賃収入だけではやっていけないことは明らかです。そこで、運賃収入を補うために駅ビルをつくり、再開発を後押ししているわけですが、それが街としての個性を失わせていくことにもなっています。

他方、ＪＲは屋上でイベントを行うなど、駅ビルをコミュニティの場としても活用しています。

また駅ビル内に行政の出張所があったり、あるいは保育所が入るなど、コミュニティとの一体化を進めようとしています。

高卒正社員女性が好む北千住、インテリ女性に好まれる西荻窪

一概に〝住みたい街〟といっても、学歴や年収、性別、趣味などによって、その傾向は変わってきます。

例えば、「高卒正社員女性が1人暮らしで住みたい街【表2】」の1位は北千住です。東京の東側には高卒女性が多く、地元で手堅く商売している不動産屋や金融機関に勤めていたりします。そういう女性たちが30歳近くになり、年収もある程度上がって一人暮らしをするというときに選ばれるのが、多くの路線が乗り入れて買い物にも便利な北千住なのでしょう。北千住というと男性的なイメージもありますが、ルミネや東急ハンズがあり、路地裏にはカフェやイタリア料理店などもあります。そのため、女性人気も高いのです。

一方、4大卒女性からの人気が高いのが目黒です。かつては「サンメグロ」という古い駅ビルしかない街でしたが、オフィスビルや美術館などが建てられ、東京メトロ南北線が東急目黒線に乗り入れるようになったことで、人気がじわじわと浮上してきました。

以前は飲食店もめぼしいものがありませんでしたが、現在は立ち飲みバルなど新しい飲食店が

表2 高卒正社員女性が1人暮らしで住みたい街

RANKING

順位	街名	%
1位	北千住	25.9
2位	自由が丘	18.5
2位	池袋	18.5
2位	町田・相模大野	18.5

出所：『あなたに一番似合う街』三浦展より

増えています。老舗とんかつ屋の「とんき」は夕方から満員で、美しい女性とその彼氏らしき男性がやってきます。近所のタワーマンションに住む人か、それとも近隣のアマゾンなどIT企業の社員でしょうか。

学歴が高い女性は正規職員になる可能性が高く、収入も高い傾向にあるので、恵比寿や吉祥寺といった憧れの街を選ぶ傾向にあります。また、年収がまだ低い20代の1人暮らしの女性が住みたい街としては、恵比寿、代官山、中目黒が1位になっています。ところが30代になると、吉祥寺、横浜みなとみらいと並んで西荻窪も1位になるのです【表3】。

西荻窪は吉祥寺の隣にあるJR中央線の駅で、美味しい店がたくさんあります。西荻窪の街を歩くと、休日の昼からカフェでお酒を飲んでいたり、平日の夜に1人で食事をしていたり、焼鳥屋で一杯ひっかけている女性をよく見かけます。30代になると、「吉祥寺は好きだけど、ちょっと疲れる」となり、まったり暮らせる西荻窪を好むようになるのかもしれません。

また西荻窪には6店の古書店があり、最近まで駅周辺に5つの書店がありました。そういった

表3 30代女性1人暮らしが住みたい街

RANKING

順位	街名	%
1位	吉祥寺	9.8
1位	横浜みなとみらい	9.8
1位	西荻窪	9.8
4位	恵比寿・代官山・中目黒	7.3

出所:『あなたに一番似合う街』三浦展より

環境もあってか、西荻窪には女性の小説家やエッセイスト、さらには男女ともに編集者が多く住んでいます。住みたい街別に4年制大学を卒業した人の割合を調べると、「西荻窪に住みたい」と回答した女性の64%が四大卒なので、西荻窪はインテリ女性に好まれる街と言っていいでしょう【表4】。

そして、「40代女性の1人暮らしで住みたい街」ランキングでは、西荻窪が上位に入っていますが、阿佐ヶ谷や荻窪といった周辺駅も同率で1位になっています。今後、30代おひとりさまがそのまま西荻窪に住み続ければ、西荻が将来1位になる可能性があります。

これに対し、「自分を家庭志向と思う女性が住みたい街」ランキング【表5】では、横浜みなとみらいが1位に支持されています。横浜みなとみらいは4年制大学未満の学歴の女性からの支持も強いのですが、彼女たちは四大卒と比べると非正規雇用が多くて収入が低い傾向にあるので、家庭志向が強まると考えられます。横浜の洒落たイメージや海・港の景色は、いつの世も女性を惹きつけているのです。

ただし、家庭志向の女性でも、既婚で子供がいるのか・いないのか、専業主婦なのか・働いて

表4 住みたい街別　女性の4年制大学卒業者の割合が多い順

RANKING

順位	街名	%
1位	西荻窪	64.0
2位	祐天寺・学芸大学・都立大学	58.3
3位	久我山・浜田山・永福町	55.0
4位	国立	54.3
5位	目白・雑司ヶ谷	52.9

出所:『あなたに一番似合う街』三浦展より

表5 自分を家庭志向だと思う女性が住みたい街

RANKING

順位	街名	%
1位	横浜みなとみらい	16.2
2位	恵比寿・代官山・中目黒	13.5
3位	吉祥寺	11.8
4位	鎌倉	11.8
5位	二子玉川	11.4

出所:『あなたに一番似合う街』三浦展より

いるのかなどで、「住みたい街」の志向も変わってきます。例えば、専業主婦で子供がいない女性は、未婚女性と同じ街を「住みたい街」に挙げる傾向にあります。

これに対し、子供がいて働いているワーキングマザーのランキングでは、川崎や蒲田といった交通の便が良い街が上位に入っています。この2つの街は羽田空港にも近く、また川崎には駅前にショッピングセンターの「ラゾーナ川崎プラザ」があり、そういった点が支持されたのだと思います。

横浜市と川崎市に住む人は、「住みたい街」として横浜みなとみらいや鎌倉、川崎、武蔵小杉など、神奈川県内のエリアを多く挙げています。横浜や川崎に住む人には「東京都心で住みたい」という願望がそれほどなく、市内や県内で満足している様子が見てとれます。

男性が住みたい街の特徴とは？

男性の「住みたい街」ランキング【表6】では、女性人気がそれほど高くない街が上位に入ってきます。男性の1位は鎌倉、2位は吉祥寺と定番の街がランクインしていますが、3位には秋葉原エリア（秋葉原・水道橋・飯田橋・春日・白山）が入っています（女性は14位）。

他にも、4位の新宿は女性では10位、7位の渋谷は女性では14位、さらに10位の御茶ノ水・神保町は女性では36位と、男女によって人気に大きな開きがあります。また年齢別に見ると、20代男性は渋谷や新宿、品川、池袋など、職場に近そうな街が支持されています。この世代は既婚者が少ないので、いわゆる「職住近接」が求められているのかもしれません。

一方、30代男性の「住みたい街」ランキング【表7】では、秋葉原エリアが1位になっています。水道橋や飯田橋も含まれるエリアですが、おそらく秋葉原が決め手になっているのだと思います。

そして同じ30代男性でも、実家暮らしか1人暮らしかで「住みたい街」は変わってきます。1人暮らしの場合は、1位が吉祥寺、2位が御茶ノ水・神保町で、3位に板橋・十条・大山が入ってきます。古い商店街が多く、暮らしやすいのが理由の一つと考えられます。

4位の中野も飲食店が多く、中野ブロードウェイという漫画・アニメの聖地があることが、人気の要因の一つになっています。現在は大規模な再開発が行われており、明治大学や帝京平成大

表6 男性が住みたい街(20〜40代全体)

RANKING

順位	街名	%
1位	鎌倉	10.9
2位	吉祥寺	10.2
3位	秋葉原・水道橋・飯田橋・春日・白山	9.8
4位	新宿	9.5
4位	横浜みなとみらい	9.5
6位	恵比寿・代官山・中目黒	8.2
7位	渋谷	8.1
7位	池袋	8.1
9位	表参道・青山・原宿	7.9
10位	御茶ノ水・神保町	7.6

出所:『あなたに一番似合う街』三浦展より

表7 30代男性が住みたい街

RANKING

順位	街名	%
1位	秋葉原・水道橋・飯田橋・春日・白山	12.1
2位	鎌倉	11.0
3位	吉祥寺	10.7
4位	横浜みなとみらい	9.3
4位	御茶ノ水・神保町	9.3

出所:『あなたに一番似合う街』三浦展より

学、キリンビール本社など、大学や企業も続々と進出しており、街としての勢いが感じられます。

これに対し、未婚で実家に住んでいる「パラサイトシングル」が住みたい街の1位は秋葉原で、16・5%と圧倒的な支持を得ています。2位には「ニコニコ超会議」やアニメ・ゲーム・同人誌関連のイベントが多く行われる幕張メッセがある千葉・幕張・稲毛、6位には書店が多い御茶ノ水・神保町が入っており、「サブカルの聖地」との関連性がうかがえます。ちなみに、男性の中で「アニメをよく見る人」と回答した人の「住みたい街」を見ると、予想通りというか秋葉原が1位(18・0%)になっています。

高年収の男性は「女性が住みたい街」に住みたくなる

女性もそうですが、男性も年収によって「住みたい街」の傾向は変わってきます。

年収２００万円未満男性だと、「住みたい街」の1位は秋葉原エリア**【表8】**です。２位以下は池袋、渋谷、新宿、品川など、職場に近そうな街がランクインしています。

年収が２００万円以上４００万円未満になると、吉祥寺が1位となり、秋葉原エリアは２位に後退しました。秋葉原ほどではありませんが、吉祥寺も漫画・アニメ関連の店が多い街です。

しかし、年収が４００万円以上６００万円未満になると、武蔵小杉や恵比寿、横浜みなとみらいといった女性にも人気のトレンド性が高い街が入り、秋葉原エリアは4位に落ちます。そして、年収６００万円以上男性の「住みたい街」ランキング**【表9】**では、秋葉原はついにランク圏外に。

これをグラフ化**【表10】**すると、二子玉川や銀座・有楽町、横浜山手といったエリアは年収が上がるごとに「住みたい街」になり、秋葉原エリアは年収が上がるごとに「住みたい街」ではなくなってくることがわかります。

街の良さがもっと知られてもいい大井町

現在はさまざまな街で再開発が行われており、個性ある街が姿を消しつつあります。しかし、

表8 年収200万円未満の男性が住みたい街

RANKING

順位	街名	%
1位	秋葉原・水道橋・飯田橋・春日・白山	9.7
2位	池袋	9.1
3位	新宿	8.5
3位	渋谷	8.5

出所：『あなたに一番似合う街』三浦展より

表9 年収600万円以上の男性が住みたい街

RANKING

順位	街名	%
1位	横浜みなとみらい	16.9
1位	鎌倉	16.9
3位	吉祥寺	13.1
4位	恵比寿・代官山・中目黒	12.5

出所：『あなたに一番似合う街』三浦展より

そうした開発の手が伸びておらず、「街の良さがもっと知られてもいいのでは？」と思えるような街はまだたくさんあります。

ＪＲ京浜東北線・東急大井町線・東京臨海高速鉄道りんかい線が乗り入れする大井町駅も、もっと知られるべき街の一つです。オシャレな東急沿線の駅ですが、自由が丘や二子玉川とは違った趣《おもむき》があります。昔ながらの商店街や飲食店街も残っていて、駅の東側にある大井銀座商店街（旧ヤミ市ゾーン）は活気にあふれています。昭和レトロの雰囲気を残す居酒屋もあって、若者からも支持されています。

そして、「30代男性が1人暮らしで住みたい街」のランキングでも、大井町は9位に入っています。駅周辺にあるスーパー銭湯は、夕方4時ぐらいに行っても若い人がたくさんいます。品川から1駅という好立地の割に家賃が安く、下町的なイメージも残っているので、それほ

表10 銀座・横浜山手・二子玉川・秋葉原に住みたい男性の割合

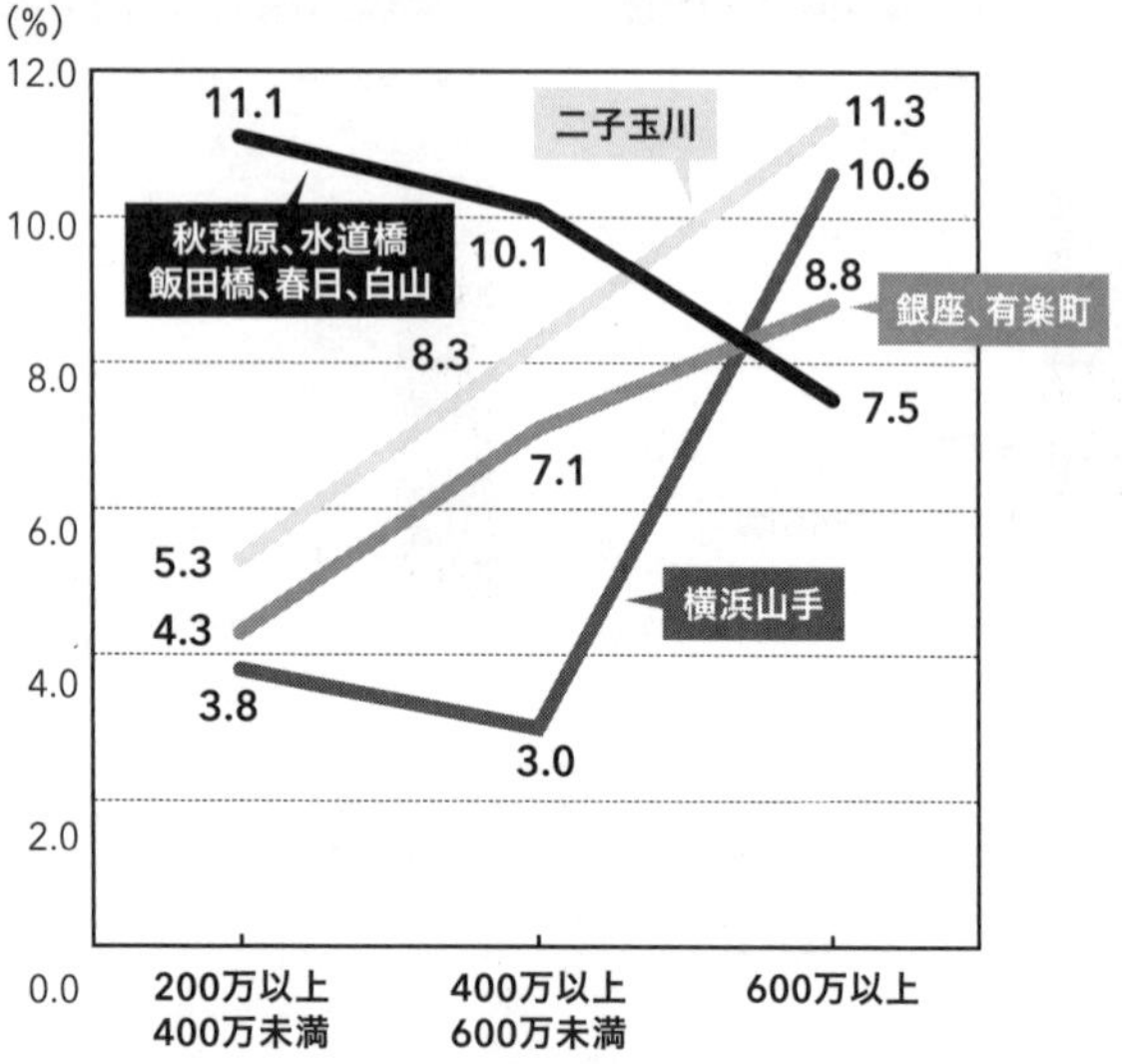

出所:『あなたに一番似合う街』三浦展より

ど年収が高くない非正規社員の男性が多く訪れるのかもしれません。

昭和のレトロな雰囲気や下町情緒がある盛り場は、若者世代から大いに支持されるようになりました。そして、かつての闇市や赤線・青線の跡地にできた飲み屋街に女性が出入りするようになったのは、オシャレな洋風のバルなどができたことも一因とされています。吉祥寺の「ハモニカ横丁」は、その典型的成功例です。しかし、こうした女性ウケを狙った店だけでなく、普通の焼鳥屋やホルモン屋にも女性たちが入り込んでいます。

三菱総合研究所の調査では、20代

表11 毎日酒を飲む女性が住みたい街

RANKING

順位	街名	%
1位	恵比寿・代官山・中目黒	13.1
2位	吉祥寺	11.5
2位	三軒茶屋	11.5
2位	秋葉原・水道橋・飯田橋・春日・白山	11.5
2位	浅草	11.5

出所:『あなたに一番似合う街』三浦展より

正社員では男性よりも女性のほうが毎日お酒を飲む人の割合が高いという結果が出ています。「毎日酒を飲む女性が住みたい街」のランキング**【表11】**でも、恵比寿や吉祥寺、三軒茶屋といった人気エリアがランクインしており「お酒」と「住みたい街」にも何らかの関連性がうかがえます。

下町的な雰囲気という意味では、赤羽も人気がありますが、最近は観光地化されて、少々値段が高くなったようです。自分の生活水準が下流だと思っている人が「住みたい街」に挙げるのが赤羽ですが、これ以上の伸び代があるかどうかは微妙です。

住む街の選び方は人によってさまざまです。収入や通勤などを基準に選ぶ人も多いでしょうが、そうした基準で選ぶと、「住んでみたら、どうもこの街が好きになれない」となってしまうこともあるのではないでしょうか。そのため、「漫画・アニメの聖地がある」「コミュニティ性が高い飲み屋街がある」など、自分の価値観やテイストに合った街を選ぶことが、これからの住まい選びにはむしろ大事になるだろうと考えています。(了)

首都圏に住む人たちにとって切っても切れない駅。身近なようで意外と知らない駅のこと、あなたはどれだけ知っていますか?

Q04
日本一乗り入れ鉄道事業者が多い駅は?

Q05
JR新宿駅に東西南北で存在しない出口は?

Q06
京成電鉄のスカイライナーで、上野駅を出た後に停車する駅は?

Q09
平日渋谷駅から出る下り電車で一番終電が遅い路線は?(山手線除く)

Q10
東武鉄道「とうきょうスカイツリー駅」の改称前の駅名は?

Q11
童謡「さくらさくら」が発車メロディに使用されている駅は?

Q15
東京23区の駅で駅構内のトイレの数が最も多い駅は?

Q16
JR青梅線の「軍畑駅」は何と読む?

Q17
2015年度JR乗車人員数上位10駅のうち、山手線以外の4つの駅名は?

Q20
中央新幹線(リニア中央新幹線)の神奈川県の駅は何駅付近に設置予定?

『駅格差』駅クイズ20問

Q01
東京都内のJR有人駅において乗車人数が一番少ない駅は?

Q02
東海道本線の下り終着駅は?

Q03
東京23区で唯一地下鉄の駅がないのは何区?

Q07
東京タワーの、公式HPで最寄り駅として紹介されている駅5つとは?

Q08
東京都内を走るモノレールの始発駅をいずれか3つ答えよ

Q12
目黒駅、品川駅は、地名と駅名が異なる。それぞれ何区にある?

Q13
山手線29駅でワンルームの家賃相場が一番高い駅は?

Q14
山手線でもっとも駅と駅の距離が短い区間はどこ?

Q18
東京23区にあるJRの駅で駅前にファストフード店がない駅は?

Q19
4月10日は鉄道に関する記念日ですが、何の日?

A04 横浜駅 JR、京浜急行電鉄、東京急行電鉄、相模鉄道、横浜市交通局、横浜高速鉄道	A05 北口	A06 日暮里駅
A09 東急東横線 元住吉行 (0:47発)	A10 業平橋駅《なりひらばし》	A11 山手線駒込駅、中央線武蔵小金井駅
A15 東京駅	A16 いくさばた	A17 横浜駅、大宮駅、秋葉原駅、北千住駅
A20 橋本駅		

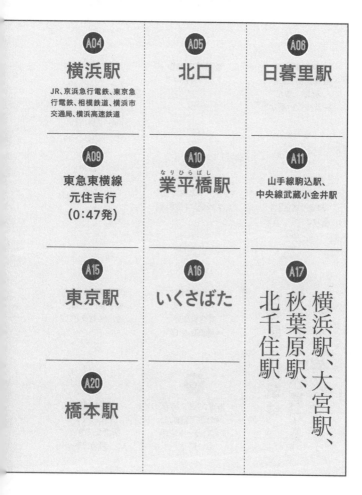

『駅格差』駅クイズ20問・答え

A01 青梅線 二俣尾駅 475人／日 （2014年度）	A02 神戸駅	A03 葛飾区
A07 都営大江戸線・赤羽橋駅、都営三田線・御成門駅、都営三田線・大門駅、東京メトロ日比谷線・神谷町駅、JR・浜松町駅	A08 東園駅、西園駅（上野動物園モノレール）モノレール浜松町駅、羽田空港第2ビル駅（東京モノレール）、上北台駅、多摩センター駅（多摩都市モノレール）	
A12 目黒駅は品川区、品川駅は港区	A13 渋谷駅 （2017年ホームズHP、12.67万円）	A14 日暮里一西日暮里の間 約500m
	A18 上中里駅、越中島駅 などがある （110頁参照）	A19 駅弁の日

第１章、第２章

小川裕夫（おがわ・ひろお）

1977年静岡市生まれ。大学卒業後、行政誌編集者を経てフリーランスライター・カメラマン。2009年には、総理大臣官邸記者会見に史上初のフリーランスカメラマンとして参加。専門は、旧内務省・旧鉄道省・総務省の所管分野。著書に『鉄道王たちの近現代史』（イースト新書）、『路面電車の謎』（イースト新書Q）、『都電跡を歩く』（祥伝社新書）、『封印された東京の謎』（彩図社文庫）など。

小林拓矢（こばやし・たくや）

1979年山梨県甲府市生まれ。早稲田大学教育学部社会科社会科学専修卒。著書『早大を出た僕が入った3つの企業は、すべてブラックでした』（講談社）。共著『沿線格差　首都圏鉄道路線の知られざる通信簿』（SB新書）、『週末鉄道旅行』（宝島社新書）など。『東洋経済オンライン』『マイナビニュース』などに執筆。

佐藤 充（さとう・みつる）

大手鉄道会社の元社員。現在は、ビジネスマンとして鉄道を利用する立場である。鉄道ライターとしても幅広く活動しており、著書に『鉄道の裏面史』、『鉄道業界のウラ話』（ともに彩図社）がある。

佐藤裕一（さとう・ゆういち）

1975年生まれ。慶應義塾大学文学部卒。ジャーナリスト、回答する記者団運営者、日本不審者情報センター代表。取材テーマは鉄道人身事故と若者の過労死問題。2016年に日本不審者情報センター合同会社を設立。著書に『鉄道人身事故データブック2002－2009』。講道館柔道五段。

鈴木弘毅（すずき・ひろき）

1973年埼玉県生まれ。中央大学文学部卒業。駅そばを筆頭に、日帰り温泉、道の駅、スーパーマーケット、健康ランドなど旅にまつわる様々な要素を研究し、独自の旅のスタイルを提唱する“旅のスピンオフ・ライター”として活動。著書に、『愛しの富士そば』（洋泉社）、『鉄道旅で「道の駅“ご当地麺”」』（交通新聞社）などがある。

第３章、第４章

常井宏平（とこい・こうへい）

茨城県笠間市出身。中央大学卒業後、出版業界へ。編集・ライティングを担当したものに『2020東京・首都圏未来予想図』（別冊宝島）など。HOME'Sでの賃料相場をウォッチングしながら、コスパに優れた駅や地域を日々研究している。

著者略歴

首都圏鉄道路線研究会

東京の鉄道路線を中心に各種統計データなどを駆使して、鉄道がもたらす様々な効果効用を日夜研究している。属性としては「鉄ちゃん」でもあり、三度の飯より鉄道をこよなく愛する。「路線や駅の格付け」は確かに存在するが、いかなる路線・駅であってもそこに乗客がいる限り、それを愉しみ愛でる観点を忘れない。前著に『沿線格差』がある。

SB新書　392

駅《えき》格《かく》差《さ》

首都圏鉄道駅《しゅとけんてつどうえき》の知《し》られざる通信簿《つうしんぼ》

2017年5月15日　初版第1刷発行

著　者　首都圏鉄道路線研究会《しゅとけんてつどうろせんけんきゅうかい》

発行者　小川 淳

発行所　ＳＢクリエイティブ株式会社
〒106-0032　東京都港区六本木2-4-5
電話：03-5549-1201（営業部）

装　幀　長坂勇司（nagasaka design）

組　版　株式会社ループスプロダクション

編集協力　株式会社ループスプロダクション

編集担当　依田弘作

イラスト　ＡＲＭＺ

印刷・製本　大日本印刷株式会社

ISBN　978-4-7973-9022-3

＼好評既刊！／

沿線格差

首都圏鉄道路線の知られざる通信簿

首都圏鉄道路線研究会［著］

主要ターミナル駅から、郊外に向けて放射状に伸びていく鉄道路線。
私たちが毎日通勤の手段として活用しているこれらの各路線に固有の
イメージ、路線間のヒエラルキー（序列）はどのようにして誕生したのか？
各路線を通信簿で採点すると共に、哀しくも可笑しい
「沿線格差」を愉しみつくす！

本体820円＋税　ISBN：978-4-7973-8865-7